リッツ・カールトンの究極のホスピタリティ

〈新装版〉

ザ・リッツ・カールトン大阪　元副総支配人
四方啓暉

HOSPITALITY OF THE RITZ-CARLTON

Shikata Yoshiaki

河出書房新社

はじめに

人々がザ・リッツ・カールトン大阪のロビーに一歩入った時、安らぎと心地よさを感じるのは、お客さまをお迎えするスタッフのやさしい微笑みがあること、そして、同じ志のもとでホテルをつくった人々の大きな夢と心を感じるからではないでしょうか。

ザ・リッツ・カールトン大阪は開業後、同業者のみならず異業種からも、当初の期待どおり、あるいはある意味でそれを上回る大きな反響を得ました。その後、多少の変化はあったものの、いまに至るまでその評価が変わることはありません。

私は、高校生の頃、ラジオの深夜番組でホテルの仕事について耳にしたことがきっかけでホテルマンを目指すようになり、大学在学中からホテルにおけるアルバイトやインターンを始めました。そして、2009年に名古屋マリオットアソシアホテルで仕事を終えるまでの四十数年、ホテルマンとして働いてまいりました。

その間で最も大きな転機となったのが、米国シェラトンにおける研修から帰国した1990年です。私はご縁があって、阪神電気鉄道㈱がオーナーとなるザ・リッツ・カールトン大阪の開業プロジェクトに加わりました。以来、初めて日本に進出するザ・リッツ・カ

ールトン ホテル カンパニーとの業務提携に向けた交渉、契約、そしてホテル建設や人事を含むザ・リッツ・カールトン大阪の開業準備に携わり、開業後は、同ホテルの副総支配人として日々の運営等に深くかかわるようになりました。

振り返りますと、当時リッツ・カールトンの社長であったミスター・シュルツィと東京のホテルで食事していた際に、彼からさりげなく言われた、「日本のホテルも、スタッフも素晴らしい。だけど、日本のホテルマンは仕事を楽しんでいないね」のひと言にショックを受けたこと。アトランタのリッツ・カールトンで、お客さまのことをこれでもかと言うほど考え、楽しみながら仕事するホテルマンたちに出会ったこと。そして、リッツ・カールトンが築き上げた素晴らしい哲学と理念のみならず、その多くのマネジメント手法が、自分がそれまで経験し、学んできたこととあまりにも違っていて、感銘を受けたこと――そうしたことを、昨日のことのように思い出します。

これまでも、「クレド」をはじめとするリッツ・カールトンの哲学、理念のほか、運営の手法やツールなどが、さまざまな場面で紹介されてきました。しかし、それらリッツ・カールトンの「ソフト」と呼ばれるものは、単独で存在しているのではなく、それぞれ関係性を持って、美しい「錦の帯」のように、一本一本の縦糸と横糸で織りなされています。そして、「リッツ・カールトンらしさ」というものは、ホテルにとって大切な舞台となる建物、施設、インテリア等の「ハード」と言われる部分にも、美しい縦糸・横糸となって織り込まれています。リッツ・カールトンの素晴らしさは、まさにこれらの要素があって初めて成り立つものと言えます。本書では、皆さまにソフトに関するザ・リッツ・カールトン大阪の独自の工夫と、これまでご紹介できなかったハードについてお伝えし、調和のとれたその全体像を知っていただければと思います。

最後になりましたが、ザ・リッツ・カールトン大阪の誕生に際し、多くの専門分野のプロフェッショナルの方々が、リッツ・カールトンの哲学・理念に共感し、あたかも同志のように自らの夢と志をこのホテルに託したことを、ここに記したいと思います。そして、ザ・リッツ・カールトン大阪を成功に導いた大きな要素のひとつに、ホスピタリティの土台を築いた、たくさんの人々の思いがあることをお伝えできれば幸いです。

語り部として　四方啓暉

CONTENTS

はじめに …… 1

プロローグ　いまなぜ「ホスピタリティ」か …… 13

「お客さまのため」という偽り／「心（＝ホスピタリティ）」なくして「信頼」なし／大切なのは「心」を伝える姿勢／「心」を活かす文化的土壌を／不況期こそ「ホスピタリティ」がモノを言う

第1章　リッツ・カールトンにみる「ホスピタリティ」の原点 …… 23

「ホスピタリティ」の大原則とは …… 24

心から仕事を楽しむスタッフがなぜ少ないか …… 24

すべての土台は「信頼関係」の構築／日本のホテルマンは楽しんでいない／心底から楽しんでいた米スタッフ／楽しくなければ成功と言えない

「仕事の原点」を忘れる人たち …… 30

初心忘るべからず／利益はあくまでも結果

マニュアルは活用せよ、されど頼るな …… 33

大原則としての〝守るべきルール〟／行動は自らの判断で

トップはまず船の「行き先」を告げよ …… 37

説得力ある「理念・哲学」は豊富な実務体験から……37
まずは目的の一致を／リッツ・カールトンの「魂」／創業者たちの思いが凝縮
あるだけでは役に立たない「理念・哲学」……43
浸透・進化を促す「ラインナップ」／行動指針となる「ベーシック」／
常に現場に反映させる／新しいサービス・ガイドラインの創設
トップ自らが率先垂範する仕組み……54
他人任せでは効果なし／常に向上心を持て

第2章 従業員満足なくして「顧客感動」なし……59

行き着くところはすべて「人」……60
サービス業に向く人・向かない人……60
「喜ばせたい！」を生きがいに／悪しき慣習に終止符を／
知識や技術よりも「人間性」／「天職」――自分の〝生き方〟を表現できる仕事
考え方を同じくする仲間たち――採用時の独自の仕組み「ＱＳＰ」……66
面接だけで判断するな／ＱＳＰの仕組みとは／常に精度を高める努力を／
リッツ・カールトンでなくてもやれること
「信頼」と「誇り」が二大キーワード……74
スタッフが会社に望むこと……74
いちばんではない「待遇」や「福利厚生」／カギを握るＥＳ調査の活用
誰もが認める〝フェアなチャンス〟……77

重要性を増す「ジョブ・ディスクリプション」／「ロイヤルティ」を高める環境づくり
お客さまと従業員は〝対等な関係〟……82
「私たちもまた紳士淑女」／「内なる顧客」を徹底する／
「ハート・オブ・ザ・ハウス」と呼ばれる人たち
「ESは金がかかる」は言い訳……86
額縁入りの「貼り紙」／褒めて育てる文化／本物のESとは
迷惑行為や理不尽なクレームには毅然とした態度で……93
上司が〝ブレない態度〟を示せ／成り立たない全方位外交
「顧客感動」はこうして生まれる……96
「エンパワーメント（裁量委譲）」が育む当事者意識……96
「エンパワーメント」の狙い／〝お客さま本位〟の姿勢が原点／
リスクなくして感動なし
〝もの言わぬお客さま〟への働きかけ……101
最高のサービスとは／〝個客情報〟を共有する仕組み／求められる〝察する力〟
周囲の雰囲気が醸し出す〝店やレストランの風格〟……107
風格をつくるのはお客さま／〝治外法権〟はつくるな
接客スタッフは〝夢〟を届ける人……110
どんな仕事にも使命がある／アイデア次第で心をつかめる
セールスも「ホスピタリティ」から……113
素晴らしきセールスとは／モノを言う日頃の人脈

第3章

「ホスピタリティ」溢れる現場づくり …… 119
〝ホスピタリティ人財〟を育成するには …… 120
基本は「人間性善説」 …… 120
「信頼」こそがすべての第一歩／マナー教育は不要／現場が最大の〝教育の場〟／〝リッツマン〟の共通用語
一人ひとりの可能性が広がる教育 …… 126
スキルの評価は「サーティフィケーション」で／〝指摘し合える〟環境／個々のスタッフの〝最適〟を導く仕組み
〝迷ったらまず行動〟を徹底――「失敗」が人間性を育む …… 131
お客さまの心を読む修行／スタッフの〝第一歩〟を後押しするもの
マニュアル人間は不要――十人十色の「ホスピタリティ」 …… 134
「ホスピタリティ」は固有名詞／かけるのは〝コスト〟ではなく〝手〟／地域色溢れるホスピタリティ
「個」の成長が、「全体」の発展に直結する …… 140
新たに生まれる物語 …… 140
お客さまのことを知るには／「個」に委ねられる情報活用法／「成功体験」からみんなが学ぶ
「失敗」は共有すべき大切な情報――「誰」ではなく「なぜ」 …… 145
「問題」は「好機」である／ファースト・ステップは問題把握／

「なぜ」の徹底分析／失敗を報告したくなる環境とは
スタッフの〝参加〟を促す組織づくり …… 151
提案制度を活性化させるには／セクト主義を排除するモチベーション向上策

第4章

ザ・リッツ・カールトン大阪にみる「ホスピタリティの土台」 …… 155
西梅田再開発プロジェクトから学んだこと …… 156
業務提携にかけた7年間／人間関係がすべての基本
単なる〝ハコ〟であってはならない …… 161
ハードのコンセプトをまず立てよ――「憧れの我が家」 …… 161
流行に左右されない建物を／〝らしさ〟の追求／ハードは心を映す鏡
リッツ・カールトンを日本につくる …… 166
「折り合いをつける」ことが大事／魅せられた本物を目指して／
「できない」の前に工夫を／「腕が鳴る」建物づくり
メンテナンスコストを考慮したハードの運営 …… 174
美しさは新しさにあらず／クオリティ維持が大前提
リッツ・カールトン流〝コスト圧縮法〟 …… 179
「人」の思いに焦点を当てた取捨選択――手を抜くところは大胆に …… 179
「マトリックス」で活きる〝仕組み〟／仕組みの軸は「人」／
スタッフの〝誇り〟のツボを押さえよ／根拠がなければ再検討を――13％のサービス料
哲学やコンセプトの実現そのものが〝ムダ〟を省く …… 186

“巨大なロビー”は「我が家」に不要／人集めの出費は限りなくゼロ
究極の人件費圧縮法――人材の動きは成長のチャンス …… 190
真のプロたちが集まる場所／スタッフの“巣立ち”が人件費削減に／「心のプロ」を求めるからこそ

第5章

受け継がれるホスピタリティ・マネジメント …… 195
トップが守るべき「ホスピタリティ」の鉄則 …… 196
リッツ・カールトン創業者たちの「理念・哲学」に学ぶ／庭先まで浸透する哲学／どこにいても“リッツマン”／人材輩出学校として――サービス産業でナンバー・ワン
米本部での「総支配人トレーニング」とは …… 203
現場重視の総支配人トレーニング／哲学は行動で示せ／表現のお手本＝総支配人
リッツ・カールトンの総支配人という存在 …… 208
見つかった「理想像」／常に「現場」（＝「原点」）を把握せよ／“切り口”の自由
未来を担うトップを育成するために …… 212
知識・技術は現場で確認／究極の人心掌握術／部下を立てよ！
スタッフ―取引業者―顧客の“喜び”を …… 218

新装版刊行にあたって 220

装幀——水上英子
イラスト——ワタナベマキコ

リッツ・カールトンの究極のホスピタリティ〈新装版〉

プロローグ

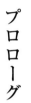

いまなぜ「ホスピタリティ」か

「お客さまのため」という偽り

私は大学在学中からホテルの仕事を勉強しながら、実際に全国各地の有名ホテルでアルバイトし、卒業後も一貫してホテル業界に身を置いてきました。ご存知のとおり、ホテルマンは接客業を代表する仕事であり、ホテルにいらしたお客さまに、心からくつろいで、楽しいひとときを過ごしていただけるように、さまざまなサービスを提供します。そこでのキーワードは、「お客さまのため」です。

これはホテルマンに限ったことではありませんが、洋の東西を問わず、サービスに携わる心ある人は誰でも、この「お客さまのため」という言葉を重視します。「サービスはお客さまのためにあるもので、私たちはお客さまに喜んでいただくという使命を果たすために存在する」と言うわけです。

しかし、現実はどうでしょうか？　例えば、紳士服店などで自由に自分の好みのスーツをゆっくりと選びたいのに、しつこく付きまといあれこれと勧めてくる店員。疲れていて放っておいてほしいのに、延々と話しかけてくるタクシーの運転手――。もちろん、彼らも良かれと思ってやっているのは分かります。でも、お客さまの〝いま〟を無視しては、いくら「お客さまのため」と言っても自己満足にしかならないのです。

一方で、お客さまが喜ぶと分かっていても、なぜかやろうとしないこともたくさんあります。開店前に入口の前で待つお客さまがいらしても、きっちり開店時間ちょうどになるまでは絶対中に入れないレストラン。暇そうにしているにもかかわらず、テーブルの上のコップの水が空っぽでもサーブしようとしないウエイター——。例をあげればキリがないほど、私たちは日常的にこうした場面に遭遇します。そして、その多くは、サービスを提供する側の〝自分の都合〟によるケースがほとんどです。こうした「お客さまのため」という偽りがまかり通る理由は、結局のところ彼らが目先の利益に直結することにしか目を向けないことにあります。逆に言えば、利益にならないことはやらない、という悪しき割り切り方が透けて見えるのです。

「心（＝ホスピタリティ）」なくして「信頼」なし

１９９０年から約7年間の準備期間を経て、97年に満を持してオープンしたザ・リッツ・カールトン大阪では、サービス業にとっての永遠のテーマとも言える〝「お客さまの喜び」と「利益」を両立できる仕組み〟を、見事なまでに創り上げることに成功しました。本書では、その驚きの仕組みについて詳しく紹介していくわけですが、そこでのポイント

は、単に「現場スタッフ—お客さま」の関係のなかだけでサービスを捉えていない点にあります。具体的には、

・お客さま一人ひとりとスタッフの信頼関係なくして、お客さまの喜びは得られない
・スタッフ同士、あるいはスタッフと会社（組織）の信頼関係なくして、スタッフの喜びや誇りは得られない
・会社（組織）を支えるオーナー会社とホテル運営会社の信頼関係なくして、お客さま指向の企業（組織）文化は得られない

——というように、ホテルにかかわるすべての構成要素を俯瞰的に捉え、あらゆる関係のなかで強固な「信頼」を築くことで、「お客さまの喜び」を実現し、その結果として「利益」を上げようと考えているのです。言い換えれば、現場スタッフのみにサービスの責任を押しつけるのではなく、すべての構成員が「お客さまの喜び」の実現へと向かう同じベクトルのもと、それぞれの責任を果たしている、とも言えるでしょう。それでは、あらゆる関係の中で「信頼関係」を構築するには、どのようにすれば良いのでしょうか？　リッツ・カールトンにおけるキーワードは、「人」であり「心」です。

どんなビジネスの世界であっても、プロである以上、最低限の知識や技術は当然求められるものです。このことはホテルマンも例外ではありません。しかし、それだけでは最近のお客さまは決して満足しないでしょう。ホスピタリティと知識・技術——本来はこの両

方が身についていなければなりませんが、あえてどちらかを選ぶならば、ホスピタリティ、心のほうが大切だとリッツ・カールトンは考えています。

心さえあれば知識・技術をカバーできる。でも、知識・技術は心をカバーできません。私の嫌いな言葉のひとつに「慇懃無礼」がありますが、これはいかに心が大切かということを明快に示すものと言えます。人と人との、心地のよいキャッチボールのようなものを、いまのお客さまはより強く求めています。それを可能とするのが、まさにホスピタリティというわけです。

大切なのは「心」を伝える姿勢

リッツ・カールトンのサービスを象徴する成功物語として、プロポーズするお客さまへの徹底したサポートがよく取り上げられます。プールサイドでプロポーズしようとした男性客がスタッフに相談したところ、すぐに一輪の花と冷えたシャンパンを乗せたテーブルや椅子とともに、プロポーズする際にひざまずけるように絨毯を準備してくれた――といったエピソードです。

こうした物語を聞くと、費用のかかることを惜しげもなくやってくれる、という点だけにどうしても注目が集まってしまいます。しかし、感動を呼ぶのは、スタッフの気持ちや思いがお客さまに伝わったからにほかなりません。リッツ・カールトンでは、細々としたことがマニュアルに書かれているわけではなく、「お客さまが人生で特別な時を迎える場合は、いろいろなことを考えてやって差し上げよう」という大きなルールがあるに過ぎません。これを受けて、どう行動するかは、スタッフ一人ひとりの気持ちとアイデア次第なのです。その意味で私は、ある種地味ではあるけれど、お客さまにとってとても心温まる数多くのサービスが、日常的に行われていることにこそ、注目してほしいと思っています。

例えば、ザ・リッツ・カールトン大阪では、近くの式場で結婚式を挙げてホテルに宿泊し、翌日ハネムーンに旅立つお客さまがいらした場合、窓から結婚式の会場が見える方角にある上階の部屋をお取りするようにしています。結婚式での感激を改めて実感していただこう——私たちにしてみれば、そのぐらいの配慮はして差し上げようという趣旨ですが、お客さまからすれば思いもよらないことに映り喜んでいただくことが少なくありません。もちろん、勘の鋭いお客さまは、感謝の気持ちを書き残してチェックアウトされますが、それ以外のお客さまはそれが偶然だったのかホテル側の粋な計らいだったのか分からないケースがほとんどです。

また、新郎新婦は、披露宴中は忙しく、たいていは満足に食事ができません。そこで、残った料理で傷まないものや手をつけていないものを綺麗に盛りつけ直して、落ち着かれた頃を見計らって部屋に届けるサービスも行っています。なかには最初から要望されるお客さまも数十組に1組くらいはいらっしゃいますが、多くのお客さまは、料理は諦めてしまっているため、このサービスは感激される度合いが大きいものです。このアイデアを取り入れた背景には、本来であれば、ホスト役である新郎新婦がゲストの皆さまにどんな味の料理を召し上がっていただいたのかをきちんと知っておいてほしい、というホテル側の思いがありました。

いずれにしても、これらのサービスは、押しつけでも、〝自分の都合〟でもない点が特徴と言えます。「こうしたらいいんじゃないかな」というスタッフ一人ひとりの、お客さまに喜んでいただきたいと思う気持ちから生まれたものです。

たとえマニュアルやルールに定められていたとしても、なぜそれをするのかという当初の目的を理解せずに、ただ単に機械的に行えば、どんなに素晴らしいことでも感動は生まれないでしょう。そこに、提供する側の思いがあれば、費用の多寡に関係なくお客さまの心に届くものなのです。

「心」を活かす文化的土壌を

このように、サービスに携わる者にとって、「(お客さまのために) なんとかして差し上げたい」という心を持ち、それを行動として示すことで、お客さまにさりげなく伝える姿勢が何よりも大切なことになります。ものごとの前提として、そうした心がなければ問題外と言えるでしょう。しかし、きちんと心があっても、「やる」「やらない」というのは個々のスタッフだけの問題ではなく、組織の持つ風土や文化によって大きく左右されます。

その意味では、サービス業の現場でまず取り組まなければならないのは、「会社や組織（＝上司）に許可を取らなくても、自分がいいと思ったことをやってもいい」という文化土壌を育むことです。そのためには、組織内における「信頼関係」が不可欠になります。

行き着くところは、人です。組織のすべてのメンバーが、「やって差し上げようと思う心」を持っているかどうかが問題になる。それは学歴や国籍、年齢、性別や、キャリアも関係ないでしょう。あえて言えば、育ってきた環境が大きいのかもしれません。

「なんとかして差し上げたいと思う心」を持った人が組織のなかにどれだけいるか――心を持った人であれば、「君がいいと思ったらやってくれ」と言えますが、心を持っていない人に委任状を渡すわけにはいかないのです。

その意味において、前述したように、ホテルにかかわるすべての要素を俯瞰的に捉え、あらゆる関係のなかで強固な「信頼」を築くことに力を注いでいるリッツ・カールトンでは、「心」を活かす文化的土壌が十分に培われていると言えるでしょう。

不況期こそ「ホスピタリティ」がモノを言う

長年にわたって日本旅館の本質を追求し続けてきた石川県・山中温泉のある旅館のご主人は、「不況だとお客さまが半分になり、ひとりのお客さまに2倍の労力をかけられる。

その結果、顧客満足度が高まり、リピート率も高まる」とおっしゃっています。

このご主人は、日本の高度経済成長時代が終わる1970年代前半、先代が経営していた団体旅行客の受け入れを中心とする大型旅館を突然たたみ、わずか10部屋の日本旅館へと転換。その土地の自然を最大限に活かし、現地で得られる最高の食材でつくる朝食は日本一と評価されました。ご主人をはじめとするスタッフの本当に心のこもったおもてなしは、忘れられかけていた〝本来の日本旅館〟の素晴らしさを改めて伝えるものでした。また、京都にある老舗旅館・柊家も、本物の和の心に徹底してこだわることで、いまなお変わらぬ人気を博しています。

近年の想像を絶するような厳しい経営環境のなか、残念ながら廃れ、淘汰されていく旅館が多いのは事実です。そうした状況下にあって、これらの2つの日本旅館はホスピタリティにこだわってきたからこそ、根強いファンに支えられ評価され続けていると言えます。それはとても尊いことです。100年来の不況と言われ、ものごとの本質的な部分が問い直されるなかで、ホスピタリティによって「儲かる」とまでは言えなくとも、大きな支えを得ているのです。

不況になればなるほど、消費者は本物を見極める姿勢を強めます。そのなかにあって、サービス業は、安ければいいというものでは決してない。低価格をウリにする企業は、価格にのみ価値をおく一部のお客さまを中心として一時的に支持されるかもしれませんが、いずれは同じものをさらに安く提供する企業にお客さまを取られてしまうことになるでしょう。そして、低価格路線が支持される一方で、変わらず本物指向のお客さまが必ず存在します。本当に良質なものを良心的な価格で提供していれば、そうしたお客さまからは時代を超えて支持され続けるのです。

旅館とホテルという違いこそありますが、あらゆる人間関係において、ホスピタリティを基本とした「信頼」の構築を最重視するザ・リッツ・カールトン大阪にもまた、同じことが言えます。〝「お客さまの喜び」と「利益」を両立できる仕組み〟は、不況の時代、そして本物だけが生き残る時代にあって、いままで以上に輝きを増していくに違いないでしょう。

第1章

リッツ・カールトンにみる「ホスピタリティ」の原点

「ホスピタリティ」の大原則とは

心から仕事を楽しむスタッフがなぜ少ないか

すべての土台は「信頼関係」の構築

ザ・リッツ・カールトン大阪は、阪神電気鉄道㈱（以下、「阪神電鉄」）が大阪で取り組んだ西梅田再開発プロジェクトの一翼を担うかたちで、1997年に誕生しました。私はここで副総支配人を務めることになるのですが、同プロジェクトのホテル担当として、ザ・リッツ・カールトン ホテル カンパニー（以下、「リッツ・カールトン本社」）との間で、業務提携の交渉をスタートさせたのは1990年のことでした。以来、約7年間という長期にわたる準備期間を通じて、私が最も意を用いたのは、オーナー会社である阪神電鉄と、ホテル運営会社であるリッツ・カールトン本社との「信頼関係」の構築です。

当時、日本のホテルが外資系ホテルと業務提携するケースは少なからずみられましたが、期待していることと実際に得るものにはお互いに差があるため、認識のずれが生じて喧嘩別れに近いかたちで終わるケースが多くありました。その二の舞だけは避けたい——私は長所や尊敬できる点はもちろん、欠点や嫌な面も含めて、お互いに十分に理解し合い、尊敬し合える関係を築くために、本音レベルのコミュニケーションを丁寧に積み重ねることに腐心しました。

どんなビジネスであっても、信頼関係を築くことがすべての土台になります。特に、人と人とのかかわりのなかで成り立つサービス業では不可欠の条件とも言えるでしょう。ホテル業界を例にとれば、一人ひとりのお客さまとスタッフの信頼関係なくして、お客さまの喜びは得られない。スタッフと会社の信頼関係なくして、スタッフの喜びや誇りは得られない。ホテルを支えるオーナー会社とホテル運営会社の信頼関係なくして、お客さま指向の企業（組織）文化は得られない――というわけです。

ザ・リッツ・カールトン大阪が、この種の業務提携プロジェクトでは珍しく成功し、1997年の開業から現在に至るまで大きなトラブルもなくこられたのは、こうした当たり前とも言える「ベクトル」が、当たり前のように、あるべき方向へと向かっているからに違いないでしょう。

そして、だからこそザ・リッツ・カールトン大阪は、サービス業にとっての永遠のテーマとも言える〝「お客さまの喜び」と「利益」を両立できる仕組み〟を、見事なまでに創り上げることに成功したと言えるのです。

以下では、その驚きの仕組みについて紹介していきましょう。

日本のホテルマンは楽しんでいない

１９９０年代の前半、ザ・リッツ・カールトン大阪の立ち上げに向けて、オーナー会社である阪神電鉄とリッツ・カールトン本社との間で、お互いの価値観や企業風土などを理解し合い、信頼関係を築くため、双方の主要スタッフが日米を交互に訪問していた時期がありました。その頃のことで、いまでもよく思い出すシーンがあります。東京の一流ホテルを実際に体験することで、日本のホテル事情を肌で感じてもらう取り組みの一環として、私が尊敬するリッツ・カールトンの創設者のひとりであるホルスト・シュルツィ氏と東京のホテルで食事した時のことです。

その際、私は「日本のホテルの印象はいかがですか？」とシュルツィ氏に訊ねてみました。このホテルは日本を代表するトップホテルであり、当然、褒めてくれるものと思っていたわけです。すると彼は、「日本のホテルはいいね。このホテルはとても清潔だよ。スタッフの動きにスピード感もあるし、サービスも的確だしね」と返してくれる。私は心の中で、「そうでしょう、そうでしょう。日本にも素晴らしいホテルがたくさんあるんですよ」と我が意を得たりといった気分でした。ところが、シュルツィ氏はこう付け加える。「だけど、日本のホテルマンは仕事を楽しんでいないね」と。

それまで思ってみたこともなかった指摘でした。自分自身を振り返ってみた時、学生時代から総支配人に憧れて、なんとしてもホテルマンになりたいという強い気持ちを持ってこの世界に入ったこともあり、ほかの人と比べれば楽しんでやってきたほうだという自負はありました。でも、「いつでもそうだったか?」と自問すれば、答えに窮することになります。ある時の自分を切りとってみると、どう間違っても楽しみながら仕事をしていたのではなく、嫌々というのを顔に出さない程度に、苦虫を嚙み潰すような気分でやっていた時間も決して少なくありませんでした。しかし、その一方で、仕事というものは、良くも悪くも楽しいことばかりではない、という思いも私の心の中にありました。

心底から楽しんでいた米スタッフ

ところが、「日本のホテルマンは仕事を楽しんでいないね」というシュルツィ氏の言葉は、それからしばらくして実証されることになります。今度は私たちが米アトランタのリッツ・カールトン本社に隣接するザ・リッツ・カールトン バックヘッドを訪ねた際、そこで働くスタッフが確かに仕事を楽しんでいるということを目の当たりにしたのです。

米国出張では毎回約1週間にわたって、契約に関する会議や職場視察、関連会社との打ち合わせなどを行うことが習慣となっていました。私たちは会議等のやりとりをすべてテープに録音していたのですが、打ち合わせ最終日の朝、録音するテープが午前の部で切れるため、このホテルのコンシェルジュに、「この近くでテープを買えるところを教えてほしい」と頼んだことがありました。

彼女は、すぐに「〇〇で買うのがいちばん近い」と教えてくれます。そして数分後、再びやって来て、「何時までに、何本必要なのですか?」と質問します。「午後の会議が始まるまでに〇〇本ぐらいあれば」と答えると、「それならば私が買ってきましょう」と言ってくれる。それはとても助かるので、感謝してお願いすることにしました。ところが、それから数分後、数本のテープを携えながら三度《みたび》、私たちのもとにやって来て、「もしも午前の会議で足りなくなると困るでしょうから、とりあえず館内で余っているテープを集めてきました」と笑顔で手渡してくれたのです。

彼女の表情からは、自分の仕事を心底から楽しんでおり、また誇りを持っていることが見て取れました。相手から頼まれもしないのに、相手のことを考えてそこまで徹底した行動を自然にとれる。そのことに私は、得も言われぬ感動を覚えたのです。

楽しくなければ成功と言えない

一方で私は、彼女のように自分で考え、行動できるホテルマンを育てるにはどうすればいいのか、と頭を悩ませることになります。こういうホテルマンを育てるプログラムなど、日本にはそれまで存在しなかったのです。

改めて意識してみると、リッツ・カールトンのホテルマンはみんなニコニコしています。

朝会っても、「おはようございます」と挨拶するだけではなく、笑顔とともに「よく眠れましたか?」などと相手の状況に適した言葉をかけてくれる。これがホスピタリティの原点なのです。

日本の多くのホテルでは、たとえそれが分かっていても、ほとんどのスタッフが実行していません。実際に行動できるのは、100人中5人程度に過ぎない。しかし、リッツ・カールトンでは、100人いれば90人はできる。それは哲学の違い、マネジメント力の差であり、当時の私にとって衝撃的なことでした。

働く人たちが楽しく働けなければ、成功ではない——リッツ・カールトンの場合は、この〝サービス業の原点〟とも言えるものがはっきりしていたのです。世の中には、この原点さえ理解していないサービス業の経営者が少なくありません。リッツ・カールトンが素晴らしいのは、「甘いこと言ってないで、働けるだけ働かせればいいんだ」といった考えではなく、「みんなが楽しく働くことが成功なんだ」というWin—Winの関係を当たり前のように創り上げていることでした。

「仕事の原点」を忘れる人たち

初心忘るべからず

どのような業態のサービス業にも共通することですが、事業を始めるに当たっては、それぞれに夢や崇高な目的があったはずです。例えば、美味しい料理を食べてもらい、ひとりでも多くの人に幸せな気持ちになってほしい、良質でデザイン性に優れたファッションを広めることで、たくさんの人に素敵な時間を過ごしてもらいたい――といったものです。こうした「仕事の原点」とも呼べるものは、決して忘れてはなりません。「初心忘るべからず」です。

ホテル業界について言えば、リッツ・カールトンの「〝憧れの我が家〟の提供」がその代表でしょう。「文化・経済・政治の中心」「多くの人々が集える社交場」「心身をリフレッシュできるくつろぎの場」としての役割なども、広い意味での事業目的と言えます。例えば、バーテンダーの存在ひとつをとってみても、カウンター越しにお客さまとお話をするなかで、街や文化の話題で対応できることが求められています。その意味では、公共性が高い存在であり、地域とのかかわりを持ってこそ成り立つと言っても過言ではありません。そして、こうした明確な目的のもとに、外資系ホテルは綿密な収益シミュレーションを行います。十分に採算が取れるという確証なくして、安直にホテル事業には乗り出さないのです。

これは一見当たり前のことのように思われますが、日本のホテルでは必ずしもそう単純なものではなくなります。例えば、親会社のブランドイメージ向上を主目的とするというように、本業のサポートビジネスとして位置づけることも少なくなく、「本当にそんな理由でここにホテルをつくるの?」と思われるようなケースもあるわけです。航空会社の系列ホテルなどはその典型例でしょう。とりあえず自社便が離発着する都市にホテルを建てるという発想は、親会社の都合に過ぎません。飛行機が毎回ホテルをいっぱいにするほどお客さまを運んでくれればいいのですが、それほどホテル業は甘いものではないのです。

私は高校生の時、たまたまつけていた深夜ラジオで、当時の東京ヒルトンホテル副総支配人の話を聞いて、この世界に興味を抱いたのですが、その時に特に印象に残ったのが、「ホテルの総支配人は、その町の経済や文化の中心でなければいけない。だからこそ、町のみんなから尊敬される」という言葉です。ホテルには、公的な役割があり、それを統括するリーダーが総支配人ということでした。

ところが最近では、「何のためにあるのか」ではなく、「儲かるからつくる・儲からないからやめる」が判断基準になってしまっています。その結果、ホテルが担う役割はとても軽いものになってしまったような気がします。もちろん、文化が多様化するなかで、担う役割も変化せざるを得なくなっている背景もあるのでしょうが、非常に残念な状況と言えるのです。

利益はあくまでも結果

それぞれのホテルや旅館を最初につくった人たちの思いには、とても大きな意味があります。そして、「何のためにこの仕事をするのか」という職業観を改めて見直すことは、いまの時代にとても大切なことに違いありません。この職業を通して、自分が何を表現できるのか、どんな役割を果たせるのか。何のために「この仕事」に携わるのかという意味づけをきちんと持っていないと、何か困難なことに直面するたびに方針がぐらつくことになってしまいます。例えば、「接客が好き」とか「お客さまを幸せにしたい」でもいいでしょう。たとえ苦しい局面に遭遇したとしても、それがあることで辛抱できるほど強いものであれば。

ただし、純粋にお金儲けをしたいという人は、ホテルや旅館などの商売をすべきではない、と私は思います。なぜならば〝濡れ手で粟の商売〟では決してないからです。お金を儲けたいだけならば、同じ土地のスペースを使って駐車場でもつくったほうがいいかもしれません。利益はあくまでも結果です。目的は、社会とのかかわりのなかで立てられるべきものです。人間には「誰かの役に立ちたい」という思いが必ずあるもので、それに合致した仕事ができれば幸せだと言えます。組織を率いるトップは、そうした目的意識を明確にして、社会に役立つ活動を通じて、それに見合った利益を得る――というきちんとしたビジネスモデルを構築することが何よりも大切なのです。

マニュアルは活用せよ、されど頼るな

大原則としての〝守るべきルール〟

マニュアルの功罪という話がよく言われます。マニュアルがあるからスタッフ一人ひとりの個性が失われ、画一的なサービスに陥ってしまうというように、否定的な意見も少なくありません。

しかし、これからの時代において、私はマニュアルなしではすまないと考えています。私自身のアメリカのホテルでの研修経験を踏まえて言うと、そこにはいろいろな人種、学歴や経歴、国籍の人たちが集まってきます。価値観も宗教観も異なります。そのため、「ゴミが落ちていたら拾う」という日本では当たり前のことでも、ルール化しなければ徹底できません。ルールがなければ、「私のような立場にある者がやることではない」と判断する人も出てきてしまいます。やはり、マニュアルのように、誰がみても分かり、実行できるような基準が必要となるのです。

また、今度のマネージャーはこう言うけれど、前のマネージャーは違うことを言っていた、というようなケースも少なくありません。そうなれば、上司が変わるごとに方針を確認しなければならなくなり、上司の顔色ばかりをうかがいながら仕事をすることになりかねない。

ひと昔前の日本であれば、特別なルールがなくとも、スタッフ間の〝暗黙知〟によって、言われなくとも、あうんの呼吸でできたかもしれませんが、いまはそうした状況にはないでしょう。人々の価値観が多様化し、さらに外国人労働者も入ってくるなかで、これまでのやり方が通用する保証はどこにもないのです。

マニュアルとして定められる必要最低限守るべきルールというのは、自分の日常の生き方につながるものが大半です。日常生活においても、誰かと会えばその人の顔と名前を覚えておいたほうがいいでしょう。これは、ホテルで働いていなくとも、人間社会に共通する常識とも言えます。その意味では、マニュアルを守ることは、〝リッツマン〟として必須であるだけでなく、社会人として必須と言えるものでもあるわけです。

行動は自らの判断で

一方で、マニュアルはあくまでも基本原則であり、常に絶対的なものではない、ということを忘れてはなりません。

マニュアルの大きな役割のひとつは、誰もがマスターすべき基本レベルを共有し、その徹底を図ることです。例えば、「会った人の顔と名前を覚えなさい」などがこれに相当します。ただし、リッツ・カールトンでは、次にその人と会った際、どうするかについて限定するようなルールはありません。「名前を呼んで挨拶する」を基本原則としながらも、お客さまはいつでも名前で呼ばれることを望んでいるとは限らないからです。

そこでは、実際にサービスするスタッフの判断が重要となります。分かっていても言ってはいけない時がある。「きょうは名前でお呼びしないほうがよさそうだな。目で挨拶するだけにとどめておこう」と感じるセンスや考える姿勢が求められるわけです。

同じように、レストランでは「飲み物は右から、料理は左から」が原則ですが、場合によっては飲み物を左から出したほうがいい場合もあります。何も考えずにマニュアルどおりにやるのではなく、常に相手を観察しながら、「これでいいのかな」「どっちがいいのかな」としっかりと考え、その時々のベストを判断してから行動する姿勢が求められます。

人と人とのコミュニケーションのなかで行われるビジネスでは、「これだけは気をつけよう」「こうあるべきだ」といった大原則は確かに必要となります。ただ、その後の具体的な行動は、「あなたに預けますよ」と言える信頼関係がとても重要です。最終的に名前を呼ぶか呼ばないかは任せるから、機械的にやるのではなく、きちんと立ち止まって考えて、その場に応じた対応をとりなさいよ、というわけです。名前と顔は覚えよう。でも、その先については統一する必要はない、「いつも『いらっしゃいませ』では寂しいですよね」というのがリッツ・カールトンのやり方と言えるでしょう。

同時に、現場のスタッフが躊躇なく自分の判断に従って行動するためには、上司や組織のあり様がきわめて大切です。このことは、後述するエンパワーメント（裁量委譲）とも密接に関係することですが、「あなたが正しいと思えば左から出してもいいよ。あなたの判断に任せるよ」というように、組織全体においてお互いを尊重し任せる仕組みがあって、初めて一人ひとりのアイデアが活かされるのです。

トップはまず船の「行き先」を告げよ

説得力ある「理念・哲学」は豊富な実務体験から

まずは目的の一致を

個人で完結する仕事を別にすれば、仕事というものは、ひとりでやるのではなく、同じ目的に向かって仲間がみんなで力を合わせながら取り組んで、初めて成功するものです。特に、多くのサービス業では、チームワークの良し悪しが事業の成否を大きく左右します。

そこで大切になるのは、組織が目指すべき方向はどこか、何を目的としているのか、といった指針を、トップが明確に示すことです。船に乗る際、その船がどこへ行くのか分からなければ、たとえどんなに立派な船であっても乗るのを躊躇するでしょう。北極へ行くのかハワイへ行くのかが分からないとなれば、誰だって不安になるのは当たり前です。

トップには、まず行き先を決め、どのように航海するのかを示すことが求められるのです。「この船は○○へ行く船です。一緒に行きたい人はどうぞ乗ってください」と。そして、船に乗り合わせるすべてのメンバーが、そのことを十分に理解したうえで乗船する。

行き先が違うのであれば降りればいいのです。

ひとたび出港したら、同じ目的に向かってすべてのメンバーが協力し合うことが求められます。その際、トップが「目指すべき理想」をいかに的確かつ分かりやすい言葉で伝えられるか、ということも重要です。きちんと伝わっていれば、その実現のためにそれぞれが、果たすべき役割を考え、実行することが可能になるでしょう。

この点において、リッツ・カールトンは非常に優れています。リッツ・カールトンの経営陣は、自分たちの目的や価値観を明確に示したうえで、スタッフが日々実践できるような方法を考え出し、それを教育に活用しながら浸透させているのです。

リッツ・カールトンの「魂」

なかでも、「ゴールド・スタンダード」は、リッツ・カールトンの優れた仕組みの土台とも言えるものです。その中心となる企業の方向を指し示す「クレド」(表1参照)をはじめ、「従業員への約束」「モットー」「サービスの3ステップ」「ザ・リッツ・カールトン・ベーシック」から成り立っています。これらは、ポケットサイズに折ることのできるカードにまとめられており、すべてのスタッフは常に携帯することが義務づけられています。まさに、スタッフの心のよりどころとして、会社の価値観や行動基準が凝縮されているのです。

クレドとは「私は信じる」を意味するラテン語で、ゴールド・スタンダードは企業の信条や行動指針を簡潔に記したものを指します。いわばリッツ・カールトンの「魂」と言っても良いものでしょう。ビジョンや価値観などを明文化している企業はたくさんありますが、多くはお題目として掲げているだけに過ぎず、実践と結びついているケースは少ないものです。これに対してリッツ・カールトンは、スタッフが日常業務のなかでさまざまな判断を下し、実際に行動する際の指針として位置づけ、それを徹底させる仕組みを取り入れています。

　私の部下のひとりは、「スタッフはみんな、ゴールド・スタンダードに書いてあることが好きで、すべてに共感を持っていると思います。私の場合、特にクレドに強く共感を覚えました。接客業とはどういうものか、自分はどのように動けばいいかについて、明確かつ短い言葉で端的に書かれていました」と言っていましたが、組織のメンバー全員が心から共有できる点が成功の秘訣と言えるのではないでしょうか。

前述したように、いまの時代においてマニュアルは必要不可欠ではありますが、マニュアルだけが単独で存在していてもあまり効果的とは言えません。なぜならば、マニュアルに記された一つひとつのルールの背景、組織が向かうべき方向を理解できなければ、それをもとに状況に応じた自分なりのベストを考えることなど不可能だからです。

例えば、リッツ・カールトンは、〝おもてなしの基本〟を、「サービスの3ステップ」としてまとめています。具体的には、①あた

クレド リッツ・カールトンは お客様への心のこもったおもてなしと 快適さを提供することを もっとも大切な使命とこころえています。 私たちは、お客様に心あたたまる、くつろいだ そして洗練された雰囲気を 常にお楽しみいただくために 最高のパーソナル・サービスと施設を 提供することをお約束します。 リッツ・カールトンでお客様が経験されるもの、 それは、感覚を満たすここちよさ、 満ち足りた幸福感 そしてお客様が言葉にされない 願望やニーズをも先読みしておこたえする サービスの心です。

●表1「クレド」

たかい心からのご挨拶を。お客さまをお名前でお呼びします、②一人ひとりのお客さまのニーズを先読みし、お応えします、③感じのよいお見送りを。さようならのご挨拶は心をこめて。お客さまのお名前を添えます——という内容からなります。①と③では「お客さまの名前を呼ぶ」とありますが、その意図するものは「お客さまのことをよく存じ上げていることを示し、親しみをこめることで、喜んでいただく」ということです。単に名前を声に出すこと自体が目的ではないことをきちんと理解していれば、その時のお客さまの状況によっては、「名前で呼ばないほうが、喜んでいただける」といったケースがあることが分かるわけです。

理念・哲学なしにマニュアルだけをつくっても、結果的にはやらされているだけになってしまいます。まずきちんとした理念・哲学があって、それを理解するための共通の価値観がなければならない。そして、その理想を実現するためにマニュアルがある、という位置づけが求められるのです。日本の会社は、とにもかくにもマニュアルづくりのみに力を入れますが、それでは魂の入っていない仏像になってしまうでしょう。

創業者たちの思いが凝縮

どこの企業の理念・哲学にも、創業者の熱い思いがこめられており、あるべき理想の姿が凝縮されています。リッツ・カールトンの「ゴールド・スタンダード」にも、やはり創業者たちの経験から生まれたさまざまな夢や心が映し出されているのです。

そもそも現在のリッツ・カールトンを立ち上げたホルスト・シュルツィ氏や、その仲間たちは、決していまで言うところのエリートではありません。ドイツの片田舎に生まれたシュルツィ氏は、「ホテルで働きたい」との思いからホテル学校に通いながら、14歳の時にウエイター助手としてホテルで働き始めます。そして、ヨーロッパ各地の一流ホテルやリゾートホテルで働いた後、シカゴ・ヒルトン、ハイアット・リージェンシーなどを経て、1981年にはハイアット・ホテルの副社長まで登りつめます。

その過程において、シュルツィ氏の中で、純粋にいいホテルをつくりたい、最高のホテルマンになりたい、という夢がどんどん膨らんでいきました。そして、同じ志を持つ仲間たちと一緒に、それまでになかったような新しい理想のホテルづくりに取り組むことになるのです。

現在のようなリッツ・カールトンホテルの第1号は、1983年にアトランタで誕生し、その後、北米を中心として積極的なチェーン展開が図られます。ゴールド・スタンダードが現在の形になったのがいつかは分かりませんが、創設者のひとりであるエド・スタロス氏から私が直接聞いた話では、シュルツィ氏は新しいホテルがオープンするたびに、開業に携わった人たちを集めて、「もしも2カ月前に時間を戻せるとして、もっとうまくこの日を迎えるために何をしたいか」と質問したそうです。そうすることで、オープニングのプロセスに少しずつ修正を加えながら、より完成度の高いものへと進化させていったわけです。

ゴールド・スタンダードもまた、そうしたなかで生まれました。あるホテルのオープニング後の報告会において、スタッフにリッツ・カールトンのミッション・ステートメントをうまく理解してもらえなかったことが話題となり、新人スタッフでも理解できるようにとゴールド・スタンダードが誕生したのです。ゴールド・スタンダードには、シュルツィ氏をはじめとする創業期に苦労を共にした人々の、豊富な経験に裏づけられた思いや願い、夢が表現されているのです。

あるだけでは役に立たない「理念・哲学」

浸透・進化を促す「ラインナップ」

リッツ・カールトンは、「ゴールド・スタンダード」の中に、「ザ・リッツ・カールトン・ベーシック」（以下、「ベーシック」・表2参照）と呼ばれる具体的な行動指針をまとめました。これは、〝リッツ流のサービス〟を提供するためのガイドラインであると同時に、リッツ・カールトンがスタッフに期待するものでもあるのです。

クレドやベーシックをつくることは、それほど難しいことではありません。日本でも、リッツ・カールトンを真似てクレドやベーシックに準じるものを導入する企業が増えています。しかし、つくった後、すべてのスタッフが、そこに何が書かれているのかを正しく理解し、実際の行動に反映させることができなければ、宝の持ち腐れになってしまうでしょう。

リッツ・カールトンでは、そのための手法として、「ラインナップ」と呼ばれる仕組みを導入しています。これは、毎朝あるいは業務の引き継ぎ時など、仕事がスタートする前に15〜20分前後、セクションごとに分かれて必ず行うものです。具体的には、ベーシックの中から順番にひとつずつ項目が選ばれ、リーダーが投げかけたテーマについて、ディス

きる人に伝えましょう。
16. お客様にホテル内の場所をご案内する時には、ただ指さすのではなく、その場所までお客様をエスコートします。
17. リッツ・カールトンの電話応対エチケットを守りましょう。呼出音３回以内に、「笑顔で」電話を取ります。お客様のお名前をできるだけお呼びしましょう。保留にする場合は、「少しお待ちいただいてよろしいでしょうか？」とおたずねしてからにします。電話の相手の名前をたずねて、接し方を変えてはいけません。電話の転送はなるべく避けましょう。また、ボイスメイルのスタンダードを守りましょう。
18. 自分の身だしなみには誇りを持ち、細心の注意を払います。従業員一人一人には、リッツ・カールトンの身だしなみ基準に従い、プロフェッショナルなイメージを表す役目があります。
19. 安全を第一に考えます。従業員一人一人には、すべてのお客様と従業員に対し、安全で、事故のない職場を作る役目があります。避難・救助方法や非常時の対応すべてを認識します。セキュリティに関するあらゆる危険な状況は、ただちに連絡します。
20. リッツ・カールトン・ホテルの資産を守るのは、従業員一人一人の役目です。エネルギーを節約し、ホテルを良い状態に維持し、環境保全につとめます。

ザ・リッツ・カールトン・ベーシック

1. クレドは、リッツ・カールトンの基本的な信念です。全員がこれを理解し、自分のものとして受けとめ、常に活力を与えます。
2. 私たちのモットーは、「We are Ladies and Gentlemen Serving Ladies and Gentlemen」です。私たちはサービスのプロフェッショナルとして、お客様や従業員を尊敬し、品位を持って接します。
3. サービスの3ステップは、リッツ・カールトンのおもてなしの基盤です。お客様と接するたびに、必ず3ステップを実践し、お客様に満足していただき、常にご利用いただき、ロイヤルティを高めましょう。
4. 「従業員への約束」は、リッツ・カールトンの職場環境の基盤です。すべての従業員がこれを尊重します。
5. すべての従業員は、自分のポジションに対するトレーニング修了認定を受け、毎年、再認定を受けます。
6. カンパニーの目標は、すべての従業員に伝えられます。これをサポートするのは、従業員一人一人の役目です。
7. 誇りと喜びに満ちた職場を作るために、すべての従業員は、自分が関係する仕事のプランニングにかかわる権利があります。
8. ホテル内に問題点（MR.BIV）がないか、従業員一人一人が、いつもすみずみまで注意を払いましょう。
9. お客様や従業員同士のニーズを満たすよう、従業員一人一人には、チームワークとラテラル・サービスを実践する職場環境を築く役目があります。
10. 従業員一人一人には、自分で判断し行動する力が与えられています（エンパワーメント）。お客様の特別な問題やニーズへの対応に自分の通常業務を離れなければならない場合には、必ずそれを受けとめ、解決します。
11. 妥協のない清潔さを保つのは、従業員一人一人の役目です。
12. 最高のパーソナル・サービスを提供するため、従業員には、お客様それぞれのお好みを見つけ、それを記録する役目があります。
13. お客様を一人として失ってはいけません。すぐにその場でお客様の気持ちを解きほぐすのは、従業員一人一人の役目です。苦情を受けた人は、それを自分のものとして受けとめ、お客様が満足されるよう解決し、そして記録します。
14. 「いつも笑顔で。私たちはステージの上にいるのですから。」いつも積極的にお客様の目を見て応対しましょう。お客様にも、従業員同士でも、必ずきちんとした言葉づかいを守ります。（「おはようございます。」「かしこまりました。」「ありがとうございます。」など）
15. 職場にいる時も出た時も、ホテルの大使であるという意識を持ちましょう。いつも肯定的な話し方をするよう、心がけます。何か気になることがあれば、それを解決で

●表2「ザ・リッツ・カールトン・ベーシック」

カッション方式によりみんなで考えて話し合うプログラムがあります。理念やビジョンは自分自身や仲間に問いかけ続けることで初めて血となり肉となり、理解が深まって実際のサービスに反映される、という考え方に基づいています。

私は2002年に名古屋マリオットアソシアホテルの総支配人に着任した時、すぐにマリオット版のベーシックを取り入れ、ラインナップを始めました。すると、マネージャークラスのスタッフは口を揃えて、「導入してみて良かったです」と言う。どんな時にそう思ったかを聞くと、「レストランでフェアを開催した際、お客さまに意見をうかがってそれをラインナップで話したところ、スタッフ全員で情報を共有できて、迅速な対応ができた。それまでは上司に後で話そうと思っているうちに休みになり対応が遅くなったこともあったけれど、ラインナップを始めて早く手を打てるようになった」と。新しいことを始めようとすると、最初は仕事が増える、面倒くさいと嫌がるものですが、こうした成果がすぐにかたちとなって表れると、すべてが好循環へと向かうことができるのです。

行動指針となる「ベーシック」

ラインナップで話し合うテーマや質問は、毎週、本社のクオリティー・セクションから1週間分がまとめて送られます。そして毎朝、「THE COMMITMENT TO QUALITY」（表3参照）と呼ばれるペーパーがスタッフに配布されます。日替わりで示される「今日

THE COMMITMENT TO QUALITY

<table>
<tr><td>

FRIDAY,OCTOBER XX, 200X

今日のゴールド・スタンダード：従業員への約束
リッツ・カールトンでは、お客様へお約束したサービスを提供する上で、
紳士淑女こそがもっとも大切な資源です。
信頼、誠実、尊敬、高潔、決意を原則とし、私たちは個人と会社のためになるよう、
持てる才能を育成し、最大限に伸ばします。
多様性を尊重し、充実した生活を深め、個人のこころざしを実現し、
リッツ・カールトン・ミスティークを高める…
リッツ・カールトンはこのような職場環境をはぐくみます。

</td></tr>
<tr><td>今日のWOWストーリーでは、ザ・リッツ・カールトン・ウェストチェスターの紳士淑女が「従業員への約束」を実現している。同僚の手助けをしようとコミット（決意）すると、何かが生まれることを示している。では、あなたは、今日、自分の部署で「従業員への約束」をどのように実現しますか？</td></tr>
<tr><td>あなたのWOWストーリーをシェアしよう！</td></tr>
<tr><td>昨日、あなたはどんな工夫をして、ユニークな、思い出に残る、パーソナルな経験をお客様にもたらしましたか？</td></tr>
<tr><td>今週の話題：WOWストーリー</td></tr>
<tr><td>今日のWOWストーリーは、ザ・リッツ・カールトン・ウェストチェスター（ニューヨーク）から届いた。総料理長ジム・ダングラーとF&Bチームが、リクエストを受け止めるだけでなく、忘れられない思い出に変えた例だ。
2カ月前、あるお客様からお電話があり、ご主人への結婚記念旅行をサプライズで企画したい、という話だった。総料理長ジム・ダングラーは、この電話に出て、奥様とご主人のプレファレンス（お好み）を直接うかがった。そして、特別メニューを作り、客室内で本格的なお食事の経験をしていただこうと計画を練り始めた。
当日、この奥様は、期待と不安の入り混じった気持ちで到着なさった。そこへ、ゲスト・リレーションズ・エージェントのダイアナ・ダミアンがご挨拶し、シャンパンを差し出し、サプライズとしてプレジデンシャル・スイートにアップグレードしたことで、お客様はたちまち安心なさった。まもなく、何も知らないご主人がロビーに到着なさった。ご挨拶とともにシャンパンを差し出し、プレジデンシャル・スイートへエスコートした。だが、これはサプライズと歓喜のほんの始まりだった。(中略)
お食事の締めくくりは、ペストリー・シェフのジャックリーン・ウォン特製のミニチュア・ウェディングケーキで、これもサプライズでご用意した。そして、お二人がベッドルームに移動すると、そこにはつい先ほど撮影したばかりの写真が薔薇の花びらの中に飾ってあった。完璧な思い出のシーンだ。お二人は歓喜の涙を抑えきれず、いままでで最高の結婚記念日です、毎年ここに戻ってきます、とおっしゃった。
シェフ・ジム・ダングラー、そして、ザ・リッツ・カールトン・ウェストチェスターの紳士淑女の皆さん、ファーストクラスです。チームワーク、クリエイティビティ、パッション（情熱）を発揮し、リッツ・カールトン・ミスティークを実現しました。このお二人は、今回、みんなで作り上げた経験を生涯忘れないでしょう。協力することで、生涯のリッツ・カールトン・ゲストを獲得しました。</td></tr>
<tr><td>今日の言葉</td></tr>
<tr><td>他人の人生に太陽を照らせる人は、自分がその陽だまりの外に出ることはない。
　ジェームズ・M・バリー（スコットランドの作家）</td></tr>
<tr><td>☆本日の稼動率、MOD　○○に記載しています
☆ロビー・ライオン　××フォルダーをご確認ください
☆ボナペティ・メニュー　食堂内のメニューボードに今日・明日のお料理を発表しています</td></tr>
</table>

●表3「THE COMMITMENT TO QUALITY」（例）

のベーシック」のほか、「ワオ（WOW）・ストーリー」（全リッツ・カールトングループで起こった〝スタッフとお客さまの心温まる話〟）、「トピックス」や「今日の言葉」などが記されています。「今日のベーシック」は、特にその日の業務において、意識して確認する項目です。ベーシックは20項目からなるため、1年間に18回同じベーシックが主役となる日があるわけです。取り上げるベーシックは20日で一巡して戻ることになりますが、これを愚直なまでに繰り返します。ラインナップにおける話は毎回、異なる視点で展開されるため、常に新鮮に映る。したがって、マンネリ化には陥らず、より進化させる方向に向くことになるのです。

私がザ・リッツ・カールトン大阪にいた頃は、ベーシックをみんなでよく覚えたものです。まずは日本語で暗記し、さらに英語でも言えるようにします。そして、スタッフが廊下などで総支配人とばったり会うと、「きょうは何番だい？」などと訊かれる。「きょうは○番です」と答えると、「よく覚えていてくれたね」と。そうしたやりとりが日常的に行われていました。

まだザ・リッツ・カールトン大阪が開業する以前、私が米サンフランシスコのリッツ・カールトンホテルで総支配人研修に取り組んでいた頃、ハウスキーピングの女性スタッフたちが総支配人とやりとりしている場面に遭遇したことがありました。総支配人が「きょうのベーシックは何番だい？」と訊くと、何人かが手を挙げる。指された女性スタッフがきちんと答えられると、ご褒美に数ドルのお金が手渡される。日本人である私はこの習慣になじめませんでしたが、こうした遊び感覚も交えながらベーシックを浸透・徹底させる姿勢には感心せざるを得ませんでした。

常に現場に反映させる

毎日行われるラインナップでは、単に読み合わせをするだけではなく、その日のテーマに沿って、それぞれの体験などを語り合いながら、「それが何を言おうとしているのか」を掘り下げて取り組む姿勢を大切にしています。「ベーシックの○番はできているか、そのための環境がきちんと整っているか」「いまの時代のニーズに対応できているか」など、常に考えて見直していくわけです。ただ与えられたからやる、という受け身の姿勢では、せっかくのベーシックも意味がなくなってしまいます。

例えば、「電話は呼出音3回以内に取る」というベーシックの17番について話し合った際、ある人が「3回以内に取らない人は誰だっけ?」と言ったことがあります。その時リーダーは「ちょっと待てよ、そうじゃない。もしかしたら、取りたくても、何かの事情で取れないのかもしれない」と考える。「犯人探し」をすることが目的では決してないのです。もしかして取りたくても取れなかったとすれば、その問題点を見つけることが必要だし、本当にやる気がなくて取らないのであれば、そのスタッフに「なぜ3回以内に取るのか」という理由を理解させなければいけない。このように、ベーシックを現場で生きたものへとするために、それぞれの項目について定期的に話し合っているのです。

また、同じベーシックの17番を取り上げた日、「ベーシックは電話を取る人について書かれているが、誰かが電話を取って話している時の、周りの人たちのあり様についても考えるべきではないか」といった意見が出されたこともあります。このようにラインナップは、現場レベルでより良い職場環境づくりに向けて、前向きなアイデアが生まれ改善していくパワーにもなっているのです。

リッツ・カールトンを真似して「ゴールド・スタンダード」のような立派な道具をつくっても、使い方をきちんとしないと、なかなか浸透しません。四六時中クレドやベーシックを見ていては大変ですが、定期的に考える機会を設けることはとても効果的と言えるでしょう。その背景には、リッツ・カールトンで働く以上は、われわれの持つ価値観を全員が共有しようという考えがあるわけです。

新しいサービス・ガイドラインの創設

ザ・リッツ・カールトン大阪が開業した翌年に当たる1998年、リッツ・カールトンはマリオット・インターナショナルの傘下に加わりました。これに伴い、創業者であるホルスト・シュルツィ社長は経営から退き、サイモン・F・クーパー氏がリッツ・カールトンの社長兼最高執行責任者（ＣＯＯ）に就任します。全世界に３０００近くのホテルを展開するマリオットグループの叩き上げであるクーパー氏は、基本的に従来のリッツ・カールトンブランドを引き継ぐかたちで経営に臨みましたが、一方で、時間を経るに従って、「お客さまのニーズに合わせて、商品やサービスに対する考え方を変える」ことにも積極的に取り組み始めました。

そのひとつが、行動指針とも言える「ベーシック」の抜本的な改訂でした。お客さまの心に残るサービスを提供するための新しいサービス・ガイドラインとして、２００６年に12項目からなる「サービス・バリューズ」（表４参照）を導入したのです。その当時、私はすでにザ・リッツ・カールトン大阪を離れ、名古屋マリオットアソシアホテルの総支配人を務めていたため、詳しい経緯を知ることはできませんが、ベーシック改定の背景には、「初めて仕事を学ぶ時にはとても役に立つが、経験を積んでお客さまの気持ちが分かるようになると、そのままは使わない」という従業員の声があったようです。その結果、例えば「電話を3回以内に取る」といったような具体的な記述は削除されます。20項目を12項目に集約し、より理念的な指針とすることにより、スタッフ一人ひとりの〝考えるプロセス〟を重視したと言われます。「どう行動するかではなく、どう考えるかを示した」というわけです。そしてこの改訂を機に、ベーシックは新入社員教育用に残されてはいるものの、ラインナップで毎日取り上げられるのはサービス・バリューズからとなるなど、事実上、ベーシックは表舞台から姿を消してしまいました。

〝考えるプロセス〟なしにベーシックを実践しても、変化し続けるお客さまのニーズに応えられないのは事実です。しかし、ベーシックは、もともと経営の一貫性を保つためにつくったものであり、サービスを提供する時に参考とするマニュアルを記したものではありません。ベーシックはあくまでも、大きなルールであって、具体的にどう行動するかはスタッフ一人ひとりのその時々の判断に委ねられているのです。その点において、私はむしろ、現在のリッツ・カールトンが、このベーシックの原点を見失ってしまっているのではないかと危惧しています。

もちろん、リッツ・カールトンの優れた仕組みは活用しつつも、少しずつ自分の色を出していきたい、と考えるクーパー氏の気持ちも分からないでもありません。しかし私は、ベーシックをはじめとするゴールド・スタンダードは、リッツ・カールトンにとって「魂」であり、時代の変化によって他に替えられるような性格のものではないと思います。10年経とうが、50年、100年経とうが、またアメリカであろうが中国であろうが日本であろうが、時代や国境を超えた普遍性を持っているはずです。そこに手を加えることで、原点が忘れられてしまうとすれば、とても残念なことと言わざるを得ないでしょう。

サービス・バリューズ

私はリッツ・カールトンの一員であることを誇りに思います。

1 私は、強い人間関係を築き、生涯のリッツ・カールトン・ゲストを獲得します。
2 私は、お客様の願望やニーズには、言葉にされるものも、されないものも、常におこたえします。
3 私には、ユニークな、思い出に残る、パーソナルな経験をお客様にもたらすため、エンパワーメントが与えられています。
4 私は、「成功への要因」を達成し、リッツ・カールトン・ミスティークを作るという自分の役割を理解します。
5 私は、お客様のリッツ・カールトンでの経験にイノベーション（革新）をもたらし、よりよいものにする機会を、常に求めます。
6 私は、お客様の問題を自分のものとして受け止め、直ちに解決します。
7 私は、お客様や従業員同士のニーズを満たすよう、チームワークとラテラル・サービスを実践する職場環境を築きます。
8 私には、絶えず学び、成長する機会があります。
9 私は、自分に関係する仕事のプランニングに参画します。
10 私は、自分のプロフェッショナルな身だしなみ、言葉づかい、ふるまいに誇りを持ちます。
11 私は、お客様、職場の仲間、そして会社の機密情報および資産について、プライバシーとセキュリティを守ります。
12 私には、妥協のない清潔さを保ち、安全で事故のない環境を築く責任があります。

●表４「サービス・バリューズ」

トップ自らが率先垂範する仕組み

他人任せでは効果なし

近年、日本の会社や組織において、リッツ・カールトンを真似てクレドやベーシックを取り入れて、ラインナップと同じようなことを試みようとする動きもみられます。しかし、多くの場合、トップや役員はもとより、へたをすれば部長クラスさえもラインナップに参加せず、「課長以下でやっておきなさい」などと他人事にしてしまっているようです。

リッツ・カールトンでは、シュルツィ氏をはじめ幹部のみんながラインナップに必ず参加していました。それも会議室などで行うのではなく、カジュアルな雰囲気のなかで行われる点が特徴と言えます。また、私が訪米して職場視察していた時、部外者であるにもかかわらずこのラインナップに参加させてくれるなど、非常にオープンなかたちで運営されていました。進行は若いスタッフが担当することも少なくなく、「社長、ご意見があればおっしゃってください」と気軽に発言を求めたりするわけです。社長自らが積極的に参加すれば、他の幹部もサボるわけにはいかなくなります。上が模範を示せばうまく機能するし、そうでなければすぐに有名無実化してしまうでしょう。下がやるかやらないかは、上の姿勢によって大きく左右されるのです。そして、参加するスタッフは、社長の発言から改めて多くのことを感じ取ることができます。

ラインナップの時に限らず、上に立つ者の率先垂範の姿勢はとても大切になります。よく各自のデスクの周辺などを見ても、きちんと片づけられているものがあれば、いっぱい積み上げているものもあります。後者で平気でいられる人間が、どこまでお客さまが求めている環境や雰囲気を敏感に受け止められるかと言えば、非常に微妙です。仕事の時間である〝ON〟と〝OFF〟をそんなに上手に使い分けられるはずがないからです。きちんと〝ON〟と〝OFF〟が一致した組織風土を創り上げるうえで、上司の果たす役割はきわめて大きいと言えるでしょう。

常に向上心を持て

衰退している旅館やホテルを目にすると、トップの「これでいいや」というあきらめ感が蔓延していっているように思えます。汚れていたり壊れていたりするところがあっても、トップが平気でいられる。そして、「変えるためにはお金がかかる」と言い訳をして何も行動を起こさない――これでは組織が腐り、スタッフの誰もついてこなくなるのは当たり前でしょう。

トップに良くしていこうという気持ちさえあれば、まずはお金をかけなくてもすぐにできることを考えるなど、工夫の余地はいくらでもあります。ちょっとしたアイデアで、一変することだって難しいことではないのです。その意味では、トップの前向きな姿勢なくして、組織がうまくいくはずはありません。

また、トップがリーダーシップをとって、それまでの野放し状態を改め、スタッフに向かうべき方向を具体的に伝えようとする時、「これまでも、そこそこの評価を受けてきたのに、どうしていまさら、そんなことをしなくちゃいけないんだ?」といった反応が、とかく多いものです。それを回避するためには、スタッフに「この取り組みのおかげで、良くなったな」と実感させていく必要があります。トップには、良き結果を導く責任があり、強力なリーダーシップが不可欠となるのです。

一方で、トップは同業他社の動向により関心を持ち、勉強する必要があります。旅館やホテルのトップというのは、競合他社のことを意外と知りません。せいぜい業界誌等を読んで分かっているような気になってしまっていることがよくあります。成功している同業他社を見習う姿勢を習慣づけ、そこから自分たちとの違いを見つけ、課題を解決するための方法を考えることが大切なのです。

ホテルに勤めている年数が長ければ長いほど、ホテルのことやお客さまのことを知っているとは限りません。むしろお客さまのほうがホテルのことを知っている、と考える必要があります。私たちは自分のホテルのことしか知りませんが、お客さまはいろいろなホテルにおけるサービスを経験しているからです。そして、お客さまは、「どうしてあちらのホテルでできているのに、ここではできないの？」と疑問を感じるものです。私たちが、「それは特別のことでしょう」と考えるようなことでも、実際にはどこでもやっていたりするわけです。

トップが常に世の中や評価の高い競合他社の動きに敏感になり、より良くしていこうという姿勢を持つと同時に、それをスタッフ全員に示していくことによって、組織全体を前向きな方向へと導くことができるのです。

第2章

従業員満足なくして「顧客感動」なし

行き着くところはすべて「人」

サービス業に向く人・向かない人

「喜ばせたい！」を生きがいに

このことはサービス業全体にも言えることですが、ホテル業界で働く人々に共通するのは、10回中1回だけでもお客さまに喜ばれると、病みつきになってしまう、という習性です。「人を喜ばせたい」「人から喜ばれたい」という気持ちが強く、そのためならばポジティブにいろいろと自分なりに工夫してみようと思える――「ホスピタリティ」が問われる仕事には、そういう人が向いています。逆に、言われたことを忠実にやるだけでは、この仕事の面白さを十分に理解することはできないでしょう。

1日、あるいは1週間、1カ月の間に、1回でも見知らぬ他人から「ありがとう」と心から言われることは、普通の生活でそうあることではないはずです。そのことを生きがいと思える人にとって、ホテルマンはとても素晴らしい職業のひとつになります。

一方で、どんな仕事でも、嫌な思いや辛い経験を強いられる場面は必ずと言っていいほどあります。そうしたなかでも、その仕事の〝本質（＝あるべき姿）〟を追求する強い気持ちがあれば、業界に蔓延《はびこ》るネガティブな面、改善すべき面ときちんと向かい合い、一つひとつ潰していくことができます。もっと言えば、一つひとつ潰し、改善していくことを通じて、より大きな喜びや生きがいを感じることも可能となるわけです。反対に、強い気持ちを持たずに仕事をしていると、嫌なことに直面した時、すぐに目をつぶり避けることを考えがちです。「これは、自分の責任ではない」「自分にはできない」と思ってしまったり、失望して去ってしまったりすることになります。

いまではずいぶん改善されていますが、日本のホテルがまだ古い〝従弟制度〟で動いていた数十年前、調理場などのバックスペースでは、先輩が後輩に手を上げたりする場面に出くわすことも珍しくありませんでした。休み時間になれば、先輩の命令で「馬券」を買いに走らされたりもする。経営は〝ドンブリ勘定〟で、親会社からの出向で保身ばかりを考えるお飾りのトップも少なくありませんでした。

こうした〝現実〟を受け止めつつも、少なくとも自分だけは毅然として、〝本質（＝あるべき姿）〟を追求する。そうした意識と行動力が周囲を変える〝一歩〟になり、やがて業界を変えていったのだと思います。

悪しき慣習に終止符を

サービス業は他の業種と比較して、離職率が高いと言われます。その理由のひとつは、労働市場が比較的流動的だからです。特にホテル業界では、ひとつのホテルにずっと定着し、スペシャリストあるいはゼネラリストとして着実に成長していく人も高く評価されますが、一方で業界内で転職を繰り返しながらステップアップを図る人もまた同じように評価されます。ある意味では、ホテル業界そのものが〝ひとつの運命共同体〟というような側面があり、同じホテルマンというだけで、たとえ競合関係にある相手であっても、垣根を越えて応援し、お互いに良くなっていこうという心意気がある世界とも言えるのです。

しかし、同じ転職であっても、逃げ出して辞めていくのと、成長のために自ら巣立っていくのとでは、その後の人生はまったく違ったものになるでしょう。私もザ・リッツ・カールトン大阪の仕事に携わるまでに2つのホテルを経験していますが、いずれも前の職場に不満があって辞めたわけではありません。より広い舞台を経験するチャンスと考え、前向きにチャレンジしたつもりです。

一方で、その間、業界の悪しき慣習とも呼べるものを目の当たりにして、「これじゃあいけないな」と感じることも決して少なくありませんでした。私はホテル業界が好きですし、自分がいろいろな人たちに教えられ助けられながら成長させてもらっただけに、優れた若い人たちがこの世界に飛び込んで来た時、彼らが前向きに楽しんで仕事ができる環境をつくりたい。悪しき慣習も解消できるのならば解消したい。そうしないと、優秀な人たちが集まらないし、入って来てもみんながっかりして辞めていってしまう、と思ったりしていました。

そんな時にリッツ・カールトンと出会ったのです。そして、ホテル業界に共通した課題の多くが、そこではすでに解決済みとなっており、「ああ、こういう方法で片づけられるんだ」「これは凄い!」と思えることばかりと遭遇しました。私にしてみれば、それまでの深い霧が立ち込めたようなもやもや感を一気に晴らしてもらうことができました。「これならば私たちもハッピーだし、これから来る若い連中も絶対にハッピーになるだろう」「同僚たちもここで仕事ができれば、絶対に気持ちがいいだろう」——そうしたホテルの理想像が、リッツ・カールトンだったのです。

知識や技術よりも「人間性」

リッツ・カールトンにおけるさまざまな取り組みは、きめ細かな「マトリックス」のように縦糸・横糸として交差し、関係し合っています。このことについては第3章以降で詳しく紹介しますが、その原点にある考え方のひとつが、ホスピタリティ溢れるサービスを実現する原動力として、スタッフ一人ひとりの人間性を重視する点にあります。前にも触れましたが、「喜んでもらうために」を自分なりに工夫して考える——このことに焦点を当てたのです。その実現のために一体となって取り組む組織であれば、つまらない人間関係などから生じる内向きの問題に躓《つまず》いている暇などないのです。

プロフェッショナルとなるためには、人間性とともに、専門的な知識や技術も大切な要素です。しかし、お客さまの視点で、お客さまが何を求めているのかを整理した時、知識や技術が決してすべてとは言えません。特に、最近の傾向をみていると、お客さまの多くは心に響く応対にこそ最も敏感であると私は感じています。

もちろん、リッツ・カールトンも、スタッフに知識や技術がゼロでいいと言っているわけではありません。ポジションや役職によって、求められる知識や技術が定められています。ただし、どんなケースでも、人間性を軽視することは決してありません。

とりわけ新入社員の場合、人間性がはるかに強く求められます。知識や技術は、それぞれのホテルのやり方によって異なってくる面も少なくないですし、足りないところは時間をかけて教育し、経験さえ積んでもらえば解決できる。しかし、いくら知識や技術が豊富であっても、心の部分に適性がなければどうすることもできません。「専門バカ」にならず、常に「何がお客さまにとってベストか」という視点で、柔軟かつ俯瞰的に捉えられることこそが、サービス業においては最も重要な要素と言えるわけです。

「天職」――自分の〝生き方〟を表現できる仕事

私が講演でよく学生などを相手に話をするのは、ホテルマンというのは素晴らしい仕事であり、とても誇りを持てる仕事だということです。自分の生き方や価値観といったものを無理して抑えなければいけない仕事もありますが、ホテルの仕事はむしろそれらを存分に活かすことが求められています。

ホスピタリティを大事にしながら生きていこうとする人を、ホテル業界というのは「待ってました！」と言って拍手して迎えてくれる。人としてどう生きるか、どうあるべきか、という点において悩まなくていい。一方で、だからこそ、自らが仕事で成長していくうえで、人間性を磨き続けることが欠かせませんが、それを努力して無理にやるのではなく、自然にできる〝幸せな仕事人生〟があるのです。

例えば、調理人志望者に志望動機を聞いた際、「両親が共働きで家にいない時、料理をつくって待っていて、帰ってきた両親がそれを食べて美味しいと喜んでくれた。それが嬉しくて調理人を目指した」と、ストレートな答えが返ってくることがあります。もちろん、学校の先生にそう答えなさいと言われているケースもあるのかもしれませんが、それは例外として、〝Take〟ではなく〝Give〟を基本とする人はもうそれだけでＯＫとなります。

また、ホテルの仕事を一所懸命にやって、人を苦しめたり不幸にしたり、人に嫌な思いをさせたりすることはまずありません。例えば、銀行の仕事では、一所懸命働くなかで、「残念ながら、あなたに融資することはできない」と、言いたくなくても言わなければならない場面があります。貸してあげたくても、仕事だからそれができない。言っている自分が辛くなることもあるでしょう。しかし、ホテルでは、自分がしてあげたいと思うことが実際にできます。人を苦しめることがゼロに近い、数少ない仕事のひとつと言えるでしょう。

こうした仕事を、〝天が与えてくれた仕事（＝Beruf：天職）〟と思えたら幸せです。

考え方を同じくする仲間たち——採用時の独自の仕組み「ＱＳＰ」

面接だけで判断するな

サービス業では、「人を喜ばせたい」という気持ちがあって、そのために自分なりの工夫を施し、そしてそれを実行することで実際に喜んでもらう——というサイクルを自然につくれる人の存在が大切です。すべてがそうした人たちの集まりであればいいのですが、現実は違います。例えばホテルというひとつの組織でみた場合、必ずしもサービス業に適した人たちばかりが集まるとは限りません。良い悪いは別にして、知識や技術の面で完璧を期することに最大の価値を置く人もいるでしょう。あるいは、なかには「仕方ないからホテルでいいか」といったように、希望職種で不合格となったために滑り止めで来る人だっているのが現実です。

そうしたなかで、リッツ・カールトンは、チームをつくる際、ホスピタリティのない人を入れないように徹底しています。そして、それを実現するのが、採用時に行われる「QSP（Quality Selection Process）」の存在と言えます。

それまで採用時に私たちが何をやっていたかと言えば、手元に履歴書を置いて15分ぐらい面談して、「○」「×」をつける。もちろん、自分なりの人生経験に基づいてジャッジしているつもりではありますが……。そして、他の担当者と話をして最終的な判断を下すことになります。ところが、実際に彼らが入社してみて、期待どおりの人物だったらいいのですが、必ずしもそうでないケースも多々あり、本人も会社も、その人が退職するまで苦労することになるわけです。しかし、この方法しか知らないから、その後も相変わらず同じ方法で採用を決めざるを得ない、というのが現状でしょう。

考え方や行動する際の判断基準は人によって違いますが、良いチームをつくるためには、できるだけそれらを同じにしていかなければうまくいかない――リッツ・カールトンはそう考えたのです。そして、自分たちが目指す理念や哲学をあらかじめ明確にし、どういう人材を求めているかを公にする。価値観や行動する際の判断基準が合わない人が無理して加わることを避けるためです。そのうえで、独自に開発したQSPを使って、リッツ・カールトンが求める人材像とマッチした人材の採用を実現するのです。

QSPの仕組みとは

それでは、このQSPとは具体的にどのようなものでしょうか？ 基本的には、面接官が30問を超える質問を口頭で行い、応募者が口頭で答える試験です。応募者の臨機応変さ、誠実さ、品格、協調性、集中力、向上力、日頃の考え方などを通じて、リッツ・カールトンにおける適性を見極めることを目的にしています。

このQSPを開発するに当たって、リッツ・カールトンは自社のスタッフだけでなく、大学の研究室やコンサルティング会社といったプロや専門家の人々と一緒に時間をかけてじっくりと取り組んできました。初期のQSPは、リッツ・カールトンのスタッフの中から優秀な人材を選び、彼らの考え方や行動パターンを徹底的に調査・分析することからスタートしたようです。例えば、素晴らしいベルパーソンA君がいたとすれば、A君と同じような仕事に対する考え方や判断基準を持つ人材を獲得することに力を入れました。ある質問に対して、A君と同じように答える人であれば、素晴らしいベルパーソンになる可能性が高いわけです。

具体的な質問は、「仕事で楽しいと思ったことはありますか？」「あなたの目標は何ですか？」といったことで、一見他愛のないものですが、「最近ではいつ頃ありましたか？」

「では、具体的な例をあげてください」「そのために何をしていますか」というふうに、嘘をついたら次が続かなくなるように、どんどん掘り下げていくかたちをとるのです。

リッツ・カールトンに入社したいから、嘘でもポジティブな回答をすればいいと考える人も当然いるでしょう。その部分をきちんと見極めることができるのは、こうした質問の連続性に加えて、行動心理学等の専門家も参加するなかで問題が作成されているためです。さらに、面接を行う担当者に対しても、事前に質問の仕方や答えの聞き方、「○」「×」とする判断基準、応募者からの質問への対応方法などに関するトレーニングを行っています。

このように、独自の〝リッツマン〟を探し出すことに重点を置いているのは、20歳も過ぎれば、それまで積み上げてきた生き方や考え方は簡単には変えられなくなる、と考えているからにほかなりません。上司が部下の考え方や行動様式を変えることは、口で言うほど簡単なことではありません。教育するほうもされるほうも辛いだけでなく、かかる時間も長くなります。リッツ・カールトンは、そうした無駄な時間を使わない。教育も含めて一人前に育て上げるまでの時間は、同業他社と比べて格段に短くてすむのです。

会社が独自の仕組みで新しい人を選んでくれて、「A君その2」が来てくれるのは、管理職にとってとても嬉しいことです。極端に言えば、ゴミを拾おうとすれば、「私がやりますよ」と言ってくれるような人しか集まらない。そういう面での教育がいらなくなれば、あとは専門的な知識と技術を身につけるだけですが、これは必ず時間が解決してくれるものです。そして、たとえスタッフが替わっても、次に来る人がQSPによって同じ資質を持つ人間だから、コストも時間も最小限に抑えることが可能となるわけです。

常に精度を高める努力を

もちろん、QSPを用いればすべてがうまくいく、というわけではありません。仕事に対する考え方や行動様式が同じだと思って採用したのに、実際に仕事をしてみたら違った、という場合もあります。そうしたケースも含めて、リッツ・カールトンでは毎年、QSPを見直して、改訂を繰り返すことで確率を高めていきます。

日本企業の場合、一度仕組みをつくれば20年ぐらい平気でそのまま使ったりするのが普通です。リッツ・カールトンのように、〝土台〟となるところに徹底して予算とエネルギーを投入し、真面目に取り組んでいるホテルはほとんどありません。その意味では、差がついて当たり前と言えるでしょう。守秘義務があるので正確な数字は言えませんが、私がザ・リッツ・カールトン大阪にいた頃、約80%の確率で「心を大切にする人かどうか」を見極めることができていました。この数字をさらに高めていくために、毎年質問を変えるなど改訂を重ねているのです。

このQSPをリッツ・カールトンは徹底して活用し、合格者が募集人数に満たず、必要な人数が揃わない場合でも、絶対に合格者しか採用しません。例えば、10人いなければできないレストランであっても、合格者が8人であれば席数を減らしてでも8人でやれる規模でスタートする。無理して数合わせはせず、来てほしいと思わない人は決して入れないわけです。

ザ・リッツ・カールトン大阪の開業に際して、私は当初、QSPで採用するのではとても募集枠は埋められない、と考えていました。ところが、リッツ・カールトン社の人々は、リッツが募集をかけると、ホテルの周りに二重三重となるくらいに応募者が来るものだ、と自信を持って反論する。私がいくらアメリカではないのだから難しいと言っても、聞き入れてもらえませんでした。しかし最終的には、開業の3、4年前から準備を始めた結果、QSPで妥協することなく採用枠を満たすことができたのです。

QSPを経て採用された人は、多くの人たちの中から選ばれたという誇りを持つことができます。しかし一方で、私は不採用になった人たちに、「あなたはリッツ・カールトンには向かない。でも、ホテルマンに向かないというわけではないよ」とよく言いました。「違うホテルに行けば、評価してくれるところが必ずあるはずだから」と告げると、「ホテルマンとして否定されたわけじゃないのが嬉しいです」と喜んでくれる。同じ「NO」と言うにしても、〝NOのあり様〟がとても大切なのだとその時に思ったものです。

ある意味で独断と偏見でリッツ・カールトンがQSPをつくっているわけですから、それでその人の人格までみるわけではない。実際、すべてのホテルマンがリッツ・カールトンへの就職を希望しているとは限りません。私の友人のひとりも、「ぼくはリッツでは働きたくないな。大変だからね」と言っていました。人それぞれ人生観や生き方は異なります。したがって、単に一企業として、そこに向くか向かないかという話であることは、きちんとわきまえて臨みたいものです。

リッツ・カールトンでなくてもやれること

リッツ・カールトンのように知名度があれば、テストを実施するのに十分な応募者を集められますが、多くのホテルの場合はそうではありません。50人を募集したにもかかわらず、QSPをクリアした人は30人に満たない、といった事態も十分に考えられます。人が集まらなくても、ホテルや店がオープンする日はやってくる。そのため、本来であれば不採用だったスタッフも混ざった状態で運営が始まることになります。こうした人々については、年月とともに淘汰されていくからいいじゃないか、という考え方もあるかもしれませんが、それには膨大な時間と労力を要するはずです。やはり、QSPを採用する以上、不向きな人であれば不採用としなければいけません。「本当はだめだけど、入ってください」では、何のためにやっているか分からなくなります。

ただ、私は、必ずしもQSPを使わない通常の採用試験でも、ある程度の振り分けはできると思います。リッツ・カールトンでは「タレント」と呼んでいますが、人には長所や才能があります。「チームワーク」や「清潔感」「責任感」など数ある特性の中で、企業は「どれを大切にするのか」といった価値観を明確に持っていなくてはなりません。これをはっきりと持っていない企業は、集まった人のタレントがばらついてしまう。「うちのホテルはこういうホテルにしたい。だから、こういうタレントを持った人を選ぶ」という意志が明快になっていれば、自然と絞り込まれていくのです。ＱＳＰほどきちんとしたものができなくても、「必要なタレント」「持っていてほしくないタレント」を使い分けて面接することができれば、より理想的な人材を得られる可能性が高まるでしょう。

「信頼」と「誇り」が二大キーワード

スタッフが会社に望むこと

いちばんではない「待遇」や「福利厚生」

サービス業では、「ＣＳ（顧客満足：Customer Satisfaction）」がよく使われる指標のひとつですが、「ＥＳ（従業員満足：Employee Satisfaction）」もまたきわめて大切な指標と言えます。特に、働く人たちが楽しく働けなければ成功ではない――と考えるリッツ・カールトンでは、「ＥＳ」なくして「ＣＳ」、そして「ＣＤ（顧客感動：Customer Delight）」はないと捉え、スタッフが自分たちの仕事に誇りを持ち、信頼関係のなかで仕事ができる環境を整えることに腐心しています。

「ＥＳ」と聞くと、「そんなところにお金をかける余裕なんかない」とか、「結局は給料やボーナスなんでしょう」と言う人が少なくありませんが、実際はそうではありません。働く人たちが重視していることに関する調査の結果をみると、「給料」も確かに十傑には入っていますが、決して上位にはランクしていません。実は、「自分が信頼されているか」

「成長できるか」が上位を占め、多くの人たちがこの2つの項目にとても敏感になっているのです。

私が総支配人を務めた名古屋マリオットアソシアホテルでも年2回、ES調査（約50項目）を行っていましたが、「待遇」「労働時間」「職場の安全」「やりがい」「教育」「社員食堂」「福利厚生」「上司からのアドバイス」といった項目のうち、「待遇」も重視されていたものの、それ以上に「教育」に多くの目が向けられていました。

ホテルの給料は他の産業に比べて決して高いとは言えず、高い給料を第一に望む人には向いていない業種と言えます。これはサービス業全体にも当てはまることかもしれませんが、やはりいちばん重視されているのは、「自分が成長できる」「上司からの信頼」などで、これらにきちんと対応すればするほど、スタッフのやる気は高まってくるわけです。とりわけ、上司が部下を信頼して、「君の判断でやっていいよ」と言い切れることは、とても大切です。こうした組織風土が醸成されると、サービスに魂が入ってくる。そして、お客さまが求めていることとスタッフの行動が一致するようになるのです。

カギを握るES調査の活用

ES調査を定期的に実施することはとてもいいことです。ただし、せっかくES調査を取り入れても、その結果を現場にきちんと反映させなければ意味がありません。特に、満足度の変動が著しい項目については、その原因がどこにあるのか注意を払う必要があります。その際、上司をきちんと評価する視点もきわめて大切になります。

例えば、ある部署で前回調査時に上司に対する評価が高かったのが、今回はがたっと落ちていることがあると、担当者が代わっているケースが多い。こうした時は、その担当者を呼んで、「〇〇がまだできていないから、部下の面倒を意識してみるように」などと具体的に伝えなければいけません。そう言われると、本人にも何をすべきかが見えてくるようになります。また、前任者よりも良い評価が出てくると、「この部分では彼よりもできているんだな。こっちはできていないんだな、ようし頑張らねば」とポジティブに考えられるようになるわけです。このようにデータを活用することで、組織の活性化へと結びつけることができれば、理想的と言えるでしょう。

もちろん、部下のご機嫌とりをする上司もなかにはいるかもしれません。このため、QSPと同様、ES調査における設問の設定や分析の仕方が重要となります。リッツ・カールトンでは、大学研究室やコンサルティング会社と相談しながら設問等をつくり、実施後も毎回結果を詳細に分析して精度を上げていきます。それぞれの分野のプロフェッショナルと現場とが綿密に連携を取りつつ、常により良いものに改訂する。問題点を正確に捉えられているか、そのための設問はどのようなものにすべきかなども、具体的に検討を重ねていきます。そして、調査結果を多面的に比較・分析し、ESの向上に活用するわけです。

誰もが認める〝フェアなチャンス〟

重要性を増す「ジョブ・ディスクリプション」

多くのスタッフが、「上司からの信頼」を感じながら「自分が成長できる」環境を望むなか、組織内に良い意味での競争が生まれ、互いに切磋琢磨できる仕組みを整えることはきわめて大切です。リッツ・カールトンでは、それぞれの職種やポジションごとに必須要件を明確に定め、それをオープンにしています。そのために用いているツールが、「ジョブ・ディスクリプション」、日本語で言えば「職務記述書」になります。

ジョブ・ディスクリプションは欧米では一般的なものですが、日本ではまだきちんと整備されているケースは少ないようです。具体的な内容は組織によっても異なりますが、「○○のポジションの人間は、××という資質を有し、□□という能力を持ち、△△までの範囲はきちんとみるんだよ。それができるように成長しなさい」と、目指すべき目標が明確に示されています。学歴、技術、資格などから始まり、責任の範囲、レポートライン（指示を誰から受け、誰に報告するのか）など、ポジションに就くための条件や職務内容がきめ細かく定められているため、ポジションが空いた時は、それに合致する人を見つければいいわけです（表5参照）。

主な職務内容
●全スタッフが当ホテルのフィロソフィーを確実に理解し励行するよう、毎日のラインナップをリードする。部の週間、月間ミーティングに出席する。
●必要なミーティングや会議に出席し（チーフエンジニア不在の際）、ホテルの成功に必要な情報提供やサポートを行う。また、チーフエンジニア不在の時は、必要メモ、意見具申を代理として責任を持ってGM、EAM、関連部署へ報告する。
●ホテルの施設やサービス、営業時間、到着予定客数・出発予定客数等の情報を集め、繁忙時間帯のニーズに合わせて業務指示が出せるようにする。
●シフト開始前に毎日のログブックを点検し、業務指示を出す前にチーフエンジニアと打ち合わせを行う。
●スタッフの間でオープンドアポリシーを徹底させる；ホテルのスタンダードと食い違う業務処理上の問題点を見つけ出し解決する；スタッフの評価・訓練は常にホテルのスタンダード・手順に従って行う；従業員の業務評価を適切かつタイムリーに行う。
●客室とパブリックエリアでのトラブルを未然に防止するようなメンテナンスプログラムを実施する。
●施設管理プログラムを利用し、省エネを実現する。また、毎日のエネルギーの使用状況を把握する。
●建築システム・セーフティシステムを点検・維持し、故障時間や支出、利用客の不便を最小限度に止める。
●人員採用の必要がある場合は、面接を行い適切な人員を選出する。
●目的達成のために適切な指示、権限委譲を行う。
●イメージ・外観・身だしなみ等について、スタッフのための基準を設定する；外部関係者には会社・職務を代表する立場として適切に振る舞う。
●生産性の高い週間作業計画を維持し、人件費を予算内に収める。
●すべてのパーツ、用具について、購買、在庫、価格管理を行う。
●測定システム、敷地・景観、プールの水質管理、セントラルプラント、キッチン設備、冷蔵設備、洗濯設備、電気設備、下水設備の維持を監視する。
●リッツ・カールトンのゴールド・スタンダードを学び理解し、エンジニアリング部のスタッフに徹底させる。
●作業場およびその他領域において、従業員に安全基準と作業手順を遵守させる；各スタッフが必要なトレーニングを受けさせ、部に関連のある安全性についての情報をチェックする。
●ホテル・会社のスタンダードに従って緊急時の対応を訓練し、緊急時には必要に応じ対応・アシストする。

職務記述書	
部　署	エンジニアリング部
ポジション	アシスタントチーフエンジニア
作成日	200X 年 XX 月
作業場所	ホテル施設内のすべてのエリア
職務概要	電気、空調、給排水、冷暖房、建築、敷地、駐車場を含むホテル内部・外部の設備全般に関する保全活動の管理。その他必要に応じ、利用客並びに従業員の安全と快適性を保てるよう、施設を最適かつ有効に機能する状態に保つために必要な保全作業を管理する。
上　司	チーフエンジニア
主な関係者	社内：チーフエンジニア、スーパーバイザー、従業員 社外：サプライヤー、ホテル利用客、主要取引業者
必要資格	①高校卒もしくは同等の職業上の訓練を受けた者。 ②3年以上の建物管理の経験を有すること。 ③ホテルの保全・メンテナンス業務（機械・電気・配管・HVAC 等）に関し、3年以上の経験を有すること。 ④保全・メンテナンスに必要な技術についての完全な知識を有していること。 ⑤ホテルの利用客・サプライヤー・従業員との十分なコミュニケーション能力を有していること。 ⑥書面による的確な情報伝達ができること。
技術要件	①エンジニアリング部共通の目的の達成に向けチームのスタッフを動機づけ、リーダーシップを取る能力を有すること。 ②ホテルのスタンダード、ポリシー、作業手順に従い、スタッフに業務を遂行させる能力を有すること。 ③数学的計算を行う能力を有すること。 ④青写真、設計図を理解する能力を有すること。 ⑤高い緊張を強いられる場面や非常の場合でも、明晰な思考をできる能力を有すること。 ⑥スタッフ並びに他部署と良好な関係を構築できる能力を有すること。 ⑦すべてのエンジニアリング業務を命令、計画、監督できる能力を有すること。 ⑧機械、電気、HVAC、配管システムの故障修理を行える能力を有すること。

●表5「ジョブ・ディスクプリション」の実例

ジョブ・ディスクリプションをきちんと定めていない組織では、そもそもポジションごとの責任範囲が理解できず、自分が何をしたらいいのか、誰の指示を仰げばいいのかも分かりません。これでは、昇進を目指すにしても、どんな要件を満たせばいいのかを理解することもできない。そして、自分が出世コースから外れると、「○○さんは上司に気に入られているから」というようなやっかみが出てくるなど、人事に対する不信感が生まれてくるわけです。これではお互いに不幸であり、組織にとって良いことなどひとつもありません。

「ロイヤルティ」を高める環境づくり

リッツ・カールトンでは、あるポジションに空きが出た場合、ジョブ・ディスクリプションの要件さえ満たしていれば、誰でも手を挙げて立候補することができます。「オープン・ポジション」と呼ばれる制度です。極端な例をあげれば、エンジニアリングからフロントに異動することも可能です。それも、世界各国にあるネットワークのなかでそれができる点が大きな特徴と言えます。

また、リッツ・カールトンでは「提案制度」を採用していますが、これもフェアなチャンスを実現するためのツールのひとつかもしれません。提案されたアイデアは、その時々の進捗状況なども合せて一覧表にまとめられ、毎日配布されます。例えば、いつも午前中混雑していた業務用エレベーターの利用についてルールが定められるなど、この「提案制度」によってさまざまな業務改善が実現しています。

このほかにも、リッツ・カールトンでは、総支配人と最前線の人たちが会食するチャンスも定期的に設けられています。これは親睦という意味合いよりも、スタッフから生の声を直接聞き、いろいろな問題点を確認したり、苦情や批判に耳を傾けたりすることを目的に行われています。

働く人にとって、この会社にずっといたい、この会社を良くしていきたい、といった気持ちをその会社に対する「ロイヤルティ」と考えた時、何が動機づけになるかと言えば、ここにいればいろいろなことを学べる、ここにいればフェアにチャンスを与えられる、同業他社に比べてESが抜きん出ているから安心してここにいていいんだ——などと思えるような環境があることです。そうした場所でこそ人が育ち、会社の成長へと結びついていくのです。

お客さまと従業員は〝対等な関係〟

「私たちもまた紳士淑女」

スタッフに誇りを持って仕事をしてもらううえで、リッツ・カールトンがモットーとして掲げた「紳士淑女をおもてなしする私たちもまた紳士淑女です」という有名な言葉は、私にとってまさに〝目からウロコ〟の考え方でした。ビジネスの世界では、「お客さまは神様」という考え方が一般的であり、特にホテル業界では「ホテルマンは召使い」という見方も根強いものがありました。

しかし、〝召使い〟という視点から「ホスピタリティ」の精神は生まれてきません。自ら考えて工夫するのではなく、お客さまの言いなりになりかねないからです。

リッツ・カールトンのスタッフは、身なりだけではなく、お客さまを心から気づかう気持ちを持った人間でなければいけません。そうした人間から生まれるサービスというのは本当に自然で、自分たちの家族を気づかうようなものになるのです。

リッツ・カールトンが明確に打ち出した〝対等のパートナー〟という関係は、こうした長年にわたるサービス業の歪んだ慣習を打ち破る画期的なものと言えます。対等な関係にあって初めて、プロフェッショナルとしての振る舞いが評価される。「We are」でいいんだ、われわれは対等なんだ。ただし、対等になるためにはわれわれも紳士淑女でなければいけない――こういうものの考え方には大きな衝撃を受けました。

「内なる顧客」を徹底する

「紳士淑女をおもてなしする私たちもまた紳士淑女です」という言葉の延長線上にあるリッツ・カールトンの考え方に、「インターナルカスタマー（内部顧客）」と「エクスターナルゲスト（外部顧客）」というものがあります。日本のホテルにはそれまで〝内なるお客さま〟という概念はありませんでした。それどころか、ある一部の人たちの間では、仲間を蔑むような行為すら平然と行われていました。

しかし、リッツ・カールトンでは、調理人にとってみればウエイター・ウエイトレスが、エンジニアにとっては調理人やベルパーソンをはじめすべてのスタッフが、それぞれ〝内なるお客さま〟となる。ようするに、働いている仲間たちを〝お客さま〟と考え、それを徹底させるわけです。

私の学生時代、ホテルマンになる志を途中で諦めていった仲間たちが何に失望したかと言えば、一部のスタッフが、お客さまの前では丁寧な対応をとるものの、それ以外はだらしなく、言葉づかいも乱暴なうえ、平気で若い連中に手をあげてみたりする。また、調理人がウエイターにモノを投げつけたりするなど、あまりにもレベルが低かった。私もこうした現状に眉をひそめていましたが、職人の世界特有の〝必要悪〟のようなものかと諦めていました。

ところが、この〝内なるお客さま〟という考え方を持ち込むと、まず調理人がモノを投げつけるなどあり得なくなります。お客さまに対しては丁寧な上司が、裏に入れば部下に対して「ばかやろう」などと怒鳴っているのでは、二重人格も甚だしい。

私も当初、リッツ・カールトンの〝内なるお客さま〟という考え方は理想的だと思う反面、いくらそうありたいと願っても、果たして現実的に成立するのかと疑心暗鬼でした。でも、リッツ・カールトンは実際にきちんとそれを成立させ、しかも業績を伸ばしている。逆に言えば、こうした考え方が、単なるお題目ではなく、きめ細かいところまで矛盾のない「マトリックス」として整えられているからこそ、一見不可能と思われる〝理想〟が実現できるのです。

「ハート・オブ・ザ・ハウス」と呼ばれる人たち

もうひとつ、リッツ・カールトンで大切にされる言葉に、「ハート・オブ・ザ・ハウス（Heart of the House）」があります。日本流で言えば「舞台裏」あるいは「裏方さん」となりますが、リッツ・カールトンではそうした呼び方は決してしません。一般的にバックヤードやバックステージと呼ばれている空間で働いているスタッフは、他の部門で働くスタッフと同等、あるいはそれ以上に重視すべき対象である、と考えています。お客さまからは直接見えず、ある意味で目立たない仕事ですが、彼らの協力なくして満足なサービスは提供できない。まさしくホテルの核となる仕事をしてくれている。だから、「ハート・オブ・ザ・ハウス」と呼ぶわけです。この考え方も、私にとって、まさに〝目からウロコ〟と言えるものでした。

ザ・リッツ・カールトン大阪では、さまざまな改善策やアイデアがこの「ハート・オブ・ザ・ハウス」の人たちから提案されます。例えば、「花や氷を運搬するため、業務用スペースの廊下がよく濡れていて滑りやすく危険である。そのたびにハウスキーパーに依頼するのではなく、廊下の一定の距離ごとにタオルを置いて自分で拭くようにすれば、安全面でもコスト面でも効果的ではないか」という提案もそのひとつです。いわゆる「裏方さん」が、このようにホテルをより良くするために提案する姿など、それまではあまり目にすることはありませんでしたが、リッツ・カールトンではごく当たり前の光景なのです。

また、ザ・リッツ・カールトン大阪では、年1、2回ではありますが、エグゼクティブが率先して、作業服に着替えてロッカールームの清掃を行ったり、軍手をはめて壁のペンキ塗りを行ったりしました。こうした姿勢も、リッツ・カールトンが、「ハート・オブ・ザ・ハウス」がホテルにとってきわめて重要な心臓部であり、美しく清潔かつ快適な場所でなくてはいけない、と認識していることを示すものと言えるでしょう。

「ハート・オブ・ザ・ハウス」と言われた時、本人たちも自分たちの役割の大切さに改めて気づくことができ、仕事に誇りを持つことが可能となります。リッツ・カールトンでは、とにかくきちんとその存在意義を伝えるために、こうした表現も含めて、感謝の気持ちの表し方を探る努力が重ねられています。その丁寧さは、本当に見事なものです。

「ESは金がかかる」は言い訳

額縁入りの「貼り紙」

「ESを高めるためにはお金がかかる」——よく言われる言葉です。スタッフのためにやってあげたいのはやまやまだけど、残念ながらそれだけの余裕がない、と。もちろん、お金をかければキリがなくなりますが、スタッフが誇りとやりがいを持ち、安心して働ける環境をつくる、という視点で考えれば、必ずしも多額のコストをかけなくてもできることはたくさんあります。

例えば、ホテルでは、お客さまから見えないバックヤードに、社内連絡用の貼り紙がよく貼られています。「静かにしなさい」や「ここにはものを置かないように」「内線電話は○○」などは特によく見られます。そして、その言葉づかいは、たいてい命令調で書かれているケースが圧倒的と言えるでしょう。

ところが、リッツ・カールトンでは、スタッフ向けのものであっても、お客さまに対するのと同じ言葉づかいをしたうえで、こうした貼り紙を額縁に入れています。万が一お客さまに見られた時に恥ずかしいようなものは、スタッフの目にも触れさせない。リッツ・カールトンでは、「紳士淑女をおもてなしする私たちもまた紳士淑女です」と考え、〝内なる顧客〟を徹底させているからこそ、お客さまに対するのと同じように、スタッフに対するのです。

床に水がこぼれていたら、
備え付けのタオルで
拭き取りましょう

たいていのホテルでは、誰も注意して見ることがなく、知らない間に貼り紙にいたずら書きがされていたりします。しかし、リッツ・カールトンでは、貼り紙が汚れていても気がつかないということは許されません。自分たちが不愉快だなと思わないとまずいけない。そのことが結果として、お客さまの要望を満たすことに結びつくのです。

また、ザ・リッツ・カールトン大阪では、世界各地にあるリッツ・カールトンのポスターを額縁に入れて、従業員用スペースにきれいに並べたりしたこともあります。ともすれば殺風景になりがちな場所を華やかにするとともに、業務委託の方や、ホテルとのお取引業者である協力会社の方も含めて、リッツ・カールトンを広く理解してもらうことができました。

きちんと額縁に入れておけば、スタッフは「この会社は私たちのことを〝内部顧客〟としてみてくれているんだ」と感じます。きれいにすることが気持ちのいいことなんだ、ということも理解してもらえます。貼り紙を額縁に入れるのにどれだけのお金がかかるかと言えば、ホームセンターなどで買えば２００〜３００円程度で購入できる。これはひとつの例に過ぎませんが、アイデア次第で、多額のコストをかけずにできることは無限にあるのです。

褒めて育てる文化

欧米社会が日本社会と異なる風土のひとつに、表彰制度に代表される〝褒めて育てる〟文化があります。日本にも「信賞必罰」という言葉はありますが、褒めることはあまりうまくありません。その背景として、「また褒められるのは○○か。あいつは上司とうまくやっているからな」といったやっかみの存在等があります。また、たとえ表彰制度があっても、どうしても形式的な行事になりやすく、あまり効果的でないことも少なくありません。

ザ・リッツ・カールトン大阪には、「ファイブスター表彰プログラム」という従業員表彰制度があります。具体的には業務実績や勤務態度に加え、お客さまからいただいた感謝状の数、ヘルプを頼んだ際に手伝ってもらった感謝のしるしとして相手に手渡す「ファーストクラス・カード」の数、〝スタッフとお客さまの心温まる話〟を全スタッフに紹介する「ワオ・ストーリー」を生み出した実績――などを総合的に判断して、活躍が目覚ましい従業員をノミネート。四半期ごとに5名ずつ、年間計20名のファイブスター従業員が順次選ばれます。年度末には、その中から5名の年間ファイブスター従業員を選び、サファイヤ5ツ星入りピン、クリスタルトロフィーの授与とともに、海外のリッツ・カールトンでの宿泊を含む旅行を添えて表彰されるのです。同時に、ヒューマン・リソース部門で記録されて、最終的には給与査定や異動の面で有利に働く仕組みになっています。特に、サファイヤ5ツ星入りピンは選ばれたものだけに与えられる特権であり、周囲のスタッフから憧れと尊敬の対象となる一方で、本人もピンに恥じないようにと、さらに質の高い接客サービスを心がけることにつながっています。また、ピンの存在をご存知のお客さまが、スタッフがそれをつけていることに気づかれた場合、ピンが会話のきっかけにもなり得るのです。

私が総支配人を務めた名古屋マリオットアソシアホテルでも、ザ・リッツ・カールトン大阪にならって3カ月に1回、同じような制度を取り入れたことがあります。共通していた特徴は、表彰するスタッフを同僚たちが選ぶ仕組みとしたことです。上から認められる喜びもありますが、それ以上に、自分のことをいちばんよく知っている仲間から認められる嬉しさはひとしおのようです。

褒めて育てる仕組みも、それほどお金のかかることではありません。しかし、選ばれたスタッフからみればお金に代えられない重みがある。もちろん、実際には選考が特定のスタッフに偏ってしまうケースもあり、その際は上司のアドバイス等も参考にされます。必ずしも100%のシステムではありませんが、サービス業の現場で積極的に取り入れてみると想像以上の効果がもたらされるかもしれません。「誇り」や「やりがい」をキーワードにすれば、工夫の余地はいくらでもあるのです。

そして、表彰の場には必ずトップも参席することが大切です。また、選考の対象者は社員だけではなく、アルバイトや業務委託の人たちにも広げるといいでしょう。ハウスキーピングのご婦人（パート）が選ばれたことがありますが、名前を呼び上げて記念品を差し上げた時の嬉しそうな姿を見て、続けていて良かったと思ったものです。毎回のことだと新鮮味が薄れる気もしますが、もらった人からすれば、ものすごく嬉しいこと。その人が記念品を家に持ち帰ったり、家族や友だちに話したりする様子が、目に浮かんでくるのです。

本物のESとは

ESの向上策について議論する時、必ずと言っていいほど出てくるテーマとして、バックスペースの広さがあげられます。例えば、社員食堂でもロッカーでも、「スペースが狭い」という不満はよく聞きます。でも、リッツ・カールトンの考え方は明快です。広ければ満足できるのか？　楽しく仕事をするうえで本当にそれほど大切なことなのか？　もちろん、狭いといっても最低限度のスペースは確保されるべきですが、もっと重要なことは、利益をきちんと上げ、それをスタッフに還元すること、と考えているのです。自分たちが楽しく仕事をするためにも、利益がきちんと上がらなければなりません。その基本的な原則を理解していれば、こんなところで無駄なスペースを使ったり、お金を使っていたりするくらいなら、稼ぐところにお金を使ったほうがいい、という素直な考え方になるはずです。

最低限度の広ささえ確保すれば、ちょっとしたインテリアを入れたり、こざっぱりとした気持ちのいい工夫を施したりすることで、〝ワンルーム〟でも心地よい空間になる。逆に〝2LDK〟でも、散らかしっぱなしにしていれば楽しい空間にはならない。この点について、リッツ・カールトンは実にシビアな態度を貫いています。

また、社員食堂を眺めのいいところにつくってやろうよという話もよく聞きますが、そのことが、スタッフを大切にするうえで本当に重要なことでしょうか。私は必ずしもそうではないと考えています。ザ・リッツ・カールトン大阪では、社員食堂を地下に設置しましたが、スタッフから文句を聞いたことはなかったと思います。眺めのいい場所は営業用のスペースとして活用し、その代わり、調理を外部業者に委託するのではなく、総料理長の下にいるセカンドクラスがメニューをチェックしたうえで自社スタッフが調理するほか、社員食堂にも「ボナペティ」（＝「召し上がれ」の意）という名前をつけて、あたかも街のレストランのようにするなど、さまざまな工夫を施しました。このほか、あるホテルでは、役員用とそれ以外の職員用の食堂を分ける例もありますが、ザ・リッツ・カールトン大阪の場合、役職に関係なくすべてのスタッフがひとつの社員食堂を利用するようにしました。

　こうした考え方は、スタッフが何を求めているかということの捉え方によって大きく左右されます。同じように「社員を満足させたい」という思いを持っていても、そこで問われるのは、会社が何を大切にすることが本当の満足につながるのか、という点なのです。逆に言えば、スタッフ自身も会社や組織のことをある程度理解している必要があります。リッツ・カールトンの場合、経営情報を共有して、目標を明確にしているからこそ、その目標のためにお互いに同じ方向を向き、努力することが可能になります。そして、そこには説明の丁寧さ、マメさが必要になるのです。

迷惑行為や理不尽なクレームには毅然とした態度で

上司が〝ブレない態度〟を示せ

サービス業の宿命的な課題のひとつに、好まざるお客さまへの対応があります。「紳士淑女をおもてなしする私たちもまた紳士淑女です」と考えるリッツ・カールトンは、〝紳士淑女でないお客さま〟に対し、どのような姿勢で臨むのか――。

私の場合は、割り切って対処するように心がけました。開業当初のザ・リッツ・カールトン大阪でも、何度かそういうお客さまに出会ったことがありますが、「最初は口頭で話し、次は文章で伝え、それでもだめならご利用をお断りする」が基本です。なかには著名な方で、捨て台詞《ぜりふ》を吐いて出て行くようなケースもありました。でも、決してブレることなく毅然とした態度をとり続ければ、周りにいらしたお客さまも理解してくださり、時には拍手喝采が湧きおこることもあるのです。

「お客さまと対等であり、サーバントではない」と言っておきながら、上に立つ者が毅然とした態度をとれないのであれば、スタッフとの「信頼関係」は崩壊し、仕事に対する誇りも失われてしまいます。自分たちが紳士淑女であるために努力する代わりに、お客さまにもそうであってほしい。それが無理ならば、来ていただきたくない――これがリッツ・

カールトンの基本的なスタンスです。

また、理不尽なクレームもできれば未然に防ぎたいものです。私は常に、問題が起きた時にこそ、どう取り組むかが大きく問われる場面だと考えています。お客さまの心をつかむひとつのチャンスとして、災い転じて福となすこともある、とポジティブな発想に転換する。問題が起きた時、従来以上にきめ細かく真摯な対応をとれば、逆に評価していただける場合もあるわけです。

成り立たない全方位外交

マーケティングの側面からみても、すべてのお客さまに満足してもらうという考え方はなかなか通用しません。ひと言でホテルのお客さまと言っても、社会人、若者、中高年、男性、女性、カップル、親子などさまざまです。したがって、まずポイントとなるのは、自分たちがどのようなお客さまに来ていただきたいと考えているのかを明確にすることです。そのうえで、ターゲットとしたお客さまに満足してもらうことを最優先させる。それ以外のお客さまからは、「二度と使わない」と言われても残念ながら仕方がない——もちろん、そのことを口に出したり、態度に表したりするわけではありませんが、そのぐらいの割り切り方をすることも大切です。

どんなホテルでも、あるいはお店でも、そこが良いか悪いかは、いらっしゃるお客さまを見ると分かります。そして、誰から見ても好まざる客を野放しにしているホテルや店は、必ず好ましい客から見放されることになるのです。好まざる客の悪しき振る舞いに目をつぶることは、他のお客さまが迷惑を被っているのを放置することを意味します。せっかく楽しい雰囲気を味わいにいらっしゃった本当に来ていただきたいお客さまを、嫌な気持ちにさせては元も子もなくなります。また、スタッフからすれば、本来は他のお客さまに注がなければならないエネルギーを、好まざる客への対応に奪われてしまい、サービスという面でも多くのお客さまに迷惑をかけることになります。

一方で、そうした場面において、見て見ぬふりをして放っておけば、今度は上司の姿勢が問われることになる。「帰っていただきましょう。二度と泊まっていただかなくても結構です」と言うくらいの判断軸を常に持ち合わせる必要があるのです。リッツ・カールトンに限らず、外資系のホテルは日本のホテルと比べて、迷惑行為や理不尽なクレームに対してきわめて毅然とした態度をとります。このあたりは、大いに見習うべきところではないでしょうか。

「顧客感動」はこうして生まれる

「エンパワーメント（裁量委譲）」が育む当事者意識

「エンパワーメント」の狙い

リッツ・カールトンには、「エンパワーメント」と呼ばれる考え方があります。これは、スタッフがお客さまのご要望にお応えしようとする時、その都度上司の判断を仰ぐ必要はなく、自分の判断と工夫で、心をこめて最良と思えるサービスをしたらいい――というもので、お客さまの願望をその場で実現させるうえで最も大切な考え方です。

リッツ・カールトンを紹介する多くの雑誌や書籍では、このエンパワーメントが、リッツならではの有名なエピソードの〝産みの親〟として登場します。

もちろん、エンパワーメントが制度化されているからと言って何をやってもいいというわけではありません。正解はひとつではなく、より良い解決方法もあるかもしれない。また、この制度には、「あのお客にやったのに、どうして私にはやってくれないの？」というお客さまからの不満と背中合わせであるなど、誤解されやすい側面もあります。特に、

「スタッフひとりが1日に2000ドルまで使える」ということが世間で語られ、独り歩きをしているように思われます。

エンパワーメントの本来の目的は、こうした金額にあるのではなく、よりスピーディかつアイデアに富んだサービスを実現することにあります。にもかかわらず、トラブルがあると、「おまえ、〇〇ドルまでは自分の裁量でできるんだから、判断しろよ」というお客さまも出てくる。これをどうやって解決すればいいかは、頭を悩ませる問題です。

エンパワーメントは日本語にすると通常、「権限の委譲」と訳されていますが、権限と言うと「〇〇ドルまで」などつまらないことを言い始めることになる。私は「裁量」と言ったほうがいいと考えています。「権限の委譲」と言うと規則をつくっておかなければいけない感じになりますが、そんなたいしたことではなくて、「あなたがいいと思ったら、やったらいいんですよ」という信頼関係の大切さを意味するものだからです。そして、「エンパワーメント」を制度化することによって、スタッフの責任感はより強くなると思います。

〝お客さま本位〟の姿勢が原点

エンパワーメントは、客単価が高いビジネスでしか成り立たないのではないか、と考える人もいるかもしれません。しかし、実際には必ずしもそんなことはありません。最も多くの場面で行われているのは、〝問題解決のエンパワーメント〟です。

あるお客さまがチェックアウトする際、「昨日、ラウンジでお茶を飲んだら冷たかったよ」と言ってくださったら、それを聞いたスタッフはどうするでしょうか？ 決して責めているわけではない場合も多いにもかかわらず、そのスタッフに裁量権がなく、「それではマネージャーを呼んでまいります」と、お客さまに時間を取らせることになってしまっては本末転倒も甚だしくなります。頭の中に即座に対応するアイデアが浮かんでも、後で怒られるかもしれないので上司の指示なしには実行できない。その結果、お客さまは5分、10分と待たされた挙句、出てきたマネージャーに「申し訳ありませんでした」などと謝られる。それではかえって不満が募るだけです。その場でスタッフが、「申し訳ございません。大変失礼いたしました。僭越ですが、次回お越しの時には私どもから温かいお茶と美味しいケーキをプレゼントさせていただいてもよろしいでしょうか」と言えば、「いいホテルだな」と思ってもらえるチャンスになるかもしれません。スイーツやお茶のサービスなどはほとんどコストがかかりませんが、スタッフ自身が考えて、すみやかに解決しようとしている姿勢は確実にお客さまに伝わります。さらに、そのお客さまが次回いらっしゃった時に、違うスタッフが対応したとしても、「先日は失礼いたしました」と言ってスイーツやお茶を持って行けば、「やるなぁ」と感心してもらえる可能性が大きくなるでしょう。

エンパワーメントを行使したところで、日常的には経営を揺るがすほどの大きなお金がかかることはありません。「次回無料で泊まってください」と申し出たとしても、原価であれば料金の数十パーセントに過ぎない。それによって、「ではまた来るね」と言ってもらえるのであれば、フロントのスタッフにその裁量権を与えて、後で報告をしてもらえればすむことでしょう。これは、ラグジュアリーホテルでなくても、日常的にできることです。「1日2000ドル」が独り歩きしてしまい、エンパワーメントが本来の意図と異なる歪んだものとして捉えられてしまうのは本当に残念でなりません。

リスクなくして感動なし

一方で、客単価が高いホテルのほうがエンパワーメントの選択肢の幅が広がるのは事実です。新幹線に乗って忘れ物を届けるというようなことは、客単価が高いホテルでなければできないかもしれません。しかし、新幹線では行けなくても、「なんとか少しでも早くお届けして差し上げたい」という気持ちがあれば、他の方法を考えることはできるはずです。お客さまが「そこまで考えてくれたのか」と思ってくださるようなサービスをしようとする姿勢が大切なのです。

ある意味では、「どこまでやったら良いのか」というせめぎ合いがゲーム感覚で面白いのかもしれません。日常生活のなかでも、自分の子どもが問題を起こして、相手の家に謝りに行く時、「お土産を持って行ったほうがいいかな」「いくらぐらいのものにしようか」といった判断はしているでしょう。基本的にはこれと同じです。

ただし、問題となるのは、エンパワーメントに対する上司や組織の考え方です。「勝手にこんなことをして」と上司から怒られるようであれば、良かれと思ってもなかなか実行できません。スタッフのそうした一瞬の迷いを上の人間が断ち切っていってあげないと、一人ひとりができる力を持っているにもかかわらず、それを活かせなくなってしまいます。

エンパワーメントの実践に当たっては、一人ひとりが自分で考えて行動する姿勢が何よりも大切です。憧れの先輩ならどうするだろうかと考えて、それを想像して実行するだけでは、私には物足りなく映ります。そこに、「鈴木先輩だったらこうするだろうけど、私はこうする」というように、自分なりの工夫を入れることがスタッフの成長を促すことになります。「やっぱり鈴木先輩のようにしておけば良かった」という結果になるリスクもあるけれど、それはそれでいい。多くの答えがあるのがこの業界の素晴らしさなのです。鈴木という答えもあれば、山田という答えもある。どちらも答えになっている、というのが楽しいのです。

その意味では、リスクが伴わないサービスで人を感動させることなどできない、というのはひとつの真実かもしれません。そして、そのリスクをスタッフ一人ひとりに負わせるのではなく、組織として受け止める仕組みをつくることが大切なのです。

〝もの言わぬお客さま〟への働きかけ

最高のサービスとは

いまの世の中は、単なる「CS（顧客満足）」ではお客さまが満足しない時代と言えます。そして、CSを「CD（顧客感動）」にまで高めるためには、お客さまが言葉にされない願望やニーズを先読みして応える姿勢が不可欠です。その時々の状況に合わせて、個々のお客さまに最も適した、求められる以上のサービスを提供する。ニーズは何なのか、それはなぜなのか、お客さまがより幸せになるために自分たちができることは何か——さらには、お客さま自身が気づかれていないニーズまでをも常に考えることで、〝最高のサービス〟を提供することが可能になります。

リッツ・カールトンは、お客さまへのアプローチがとてもうまく、この「言葉にされない願望」を感じ取る力に長《た》けています。チェックインから始まってエレベーターに乗ってお客さまを部屋にご案内するまでの間などは、そのための時間と捉えています。

例えば、スリムな中年男性の清水さまをご案内する際、「清水さまは何かエクササイズのようなことをなさっているのですか?」「当ホテルにはプールもございますし、水着もレンタルできますので、どうぞお気軽にご利用ください」など、お客さまに話しかけながら、その方の要望や好みをできるだけ知ろうとするのです。非常口の説明ひとつにしても、「いらない」というお客さまもいらっしゃる。そのことをさりげなくお聞きすることで、不快な思いを防ぐことができます。

また、女性のお客さまの中には、部屋へ入った後、自分の部屋を見られるのが嫌だという方もいらっしゃいます。大切なのは、こうしたニーズをあぶり出すコミュニケーション能力です。日常的な会話のなかで、必要なことをさりげなく聞き出し、その答えを受けて、さらに次を聞くか聞かないかを判断する。そこには多少の経験が必要になりますが、最初は100%でなくても構わないので、傾向を予測して精度を高めていけばいいのです。

"個客情報"を共有する仕組み

さらに、リッツ・カールトンでは、一人ひとりのお客さまに関する情報をさまざまなかたちで収集し、それを全スタッフで共有することによって、お客さまのニーズを踏まえた「パーソナル・サービス」を提供する仕組みを取り入れています。「プリファレンス・パッド」と呼ばれる、お客さまの好みなどに関する情報を記すメモがそのひとつです。これは、すべてのスタッフが持っており、お客さまについて気づいたことがあればすぐに書きとめるようにしています。

例えば、「ワインは白が好きです。フランス産を特に好まれるようです」「イギリスの方

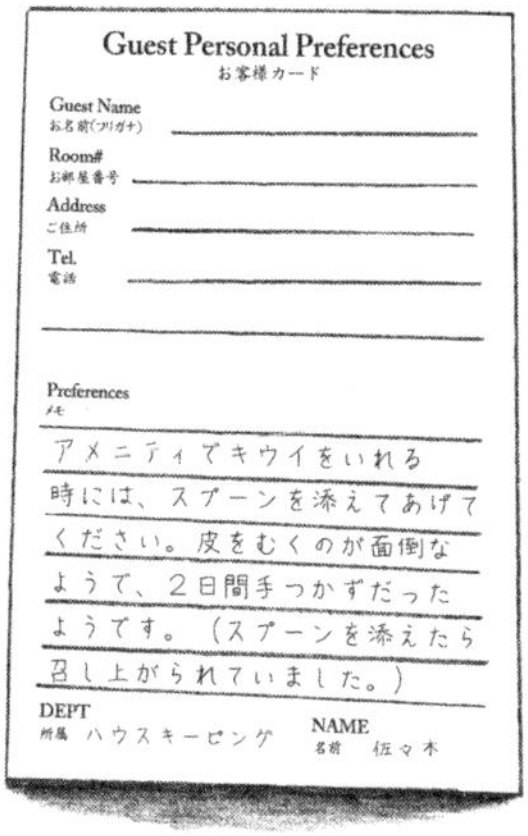
Guest Personal Preferences
お客様カード
Guest Name
お名前(フリガナ)
Room#
お部屋番号
Address
ご住所
Tel.
電話
Preferences
メモ
アメニティでキウイをいれる時には、スプーンを添えてあげてください。皮をむくのが面倒なようで、２日間手つかずだったようです。（スプーンを添えたら召し上がられていました。）
DEPT
所属　ハウスキーピング
NAME
名前　佐々木

ですが、ご挨拶は日本語でお声をかけたほうが喜ばれるようです。ご本人は日本語で挨拶を返してくださります」「アメニティでキウイを入れる時には、スプーンを添えてあげてください。皮をむくのが面倒なようで、２日間手つかずだったようです（スプーンを添えたら召し上がられていました）」「甘いものがお好きです（特にチョコレート）。お話好きなので、顔を見たら声をかけてください。くまが好き。阪神ファン。コーヒーは必ずカプチーノで」などと記されるわけです。記入された「プリファレンス・パッド」を集めるＢＯＸは「ミスティークの泉」と名づけられ、宿泊予約センターに設置してあります。こうして集められた情報をもとに生み出されたサービスが、お客さまにとって予期しない、「なぜ私のことをここまで分かってくれているのだろう」と不思議に思ってしまうほどの感動を創り出しているのです。

　また、ザ・リッツ・カールトン大阪には、お客さまからお叱りやご指摘を受けた問題点やご要望にスタッフがどのように対処したのか、またその結果、お客さまに満足していただけたのかどうかを詳しく記した「ＧＩＡ（ゲスト・インシデント・アクション・フォーム)」という報告書があります。GIAを作成した部署、つまりお客さまからのクレームや指摘を直接受け、対応した部署は、そのお客さまがホテルにいらっしゃる間、すべての部署にGIAのコピーを配ります。これにより、「不手際→徹底した情報共有→全スタッフによるフォロー」を可能にしているのです。

例えば、レストランで何かトラブルがあった場合、そのお客さまがフロントへ寄られた際に、フロント係から「先ほどは大変失礼いたしました」と言われる。ミスがあった時に直接関係のなかった予想外の相手から、謝罪を受けたり声をかけられたりすることは、お客さまの驚きにつながっています。また、お客さまからみると、こうした姿勢は「しっかりやってくれている」という評価につながっていく。ひと昔前であれば、メモを手渡したりしていましたが、いまはインターネットや社内LANを活用することにより、スピーディかつ的確に情報を交換できるようになっています。こうした情報共有は、しばらく時間が経過した後、お客さまが自分たちの対応に本当に満足されたのかどうかを、それぞれのスタッフが確認することも可能にしています。なかには、トラブルの対応後、なかなか気がおさまらないお客さまもいらっしゃいますし、スタッフの対応が完璧ではない時もあるので、こういうかたちでチームワークを発揮してフォローすることも大変重要でしょう。

求められる〝察する力〟

もちろん、リッツ・カールトンのスタッフといえども、「もの言わぬお客さま」へのアプローチを最初からうまくできるわけではありません。「喜んでいただける」と思ってチャレンジし、何度も失敗を重ねながら、失敗を活かしていく以外に上達する道はないでしょう。その意味でも、チャレンジを促す環境を整えることがとても大切です。

CSを高めるということは、ある意味でお客さまの〝わがまま〟を認めることでもあります。昔であれば「お客さま、それは致しかねます」と言っていたのが、現在はある程度のわがままは満たしていこうという方向にある。しかし、それがゴネ得になってしまってもいけない。このあたりの判断は難しいところです。

ラグジュアリーホテルになればなるほど、ホテル側はお客さまを〝構いたがる〟し、良かれと思って、構う仕掛けもたくさん用意しています。ひとつの例が、夕方以降に行われる「ターンダウンサービス」です。ひと言で言えば、お客さまが心地よくお休みになるための支度をするもので、ベッドカバーを外し、毛布やシーツなどを折り返して、お客さまがベッドの中に入りやすくするほか、使用済みのタオルを新しいものに取り替えたり、カーテンを閉めたり、照明を落としてBGMを流したり、ハーブティー等のお休み前のドリンクや、チョコレートを用意したりするわけです。ホテル側にしてみれば、少しでもお客さまが気持ちよくお休みになれる環境を整えよう、というものですが、お客さまの中には、放っておいてほしいという方もいらっしゃいます。

こうした場合、お客さまの気持ちを察する必要があります。ターンダウンサービスなどは、その内容をよくご存知のお客さまもいれば、名前すら知らない方もいる。また、ホテル特有の専門用語を使ったほうが喜ばれる人と、そうでない人がいる。お客さまの様子を観察しながら、そうした微妙なニュアンスを使い分け、最終的にターンダウンをどうするかをうかがうことになります。とりわけ、初めてひとりでいらっしゃった女性のお客さまには、「新聞は何がよろしいでしょうか?」といった質問を切り口に、さりげなく聞く姿勢が求められます。そして、もしやめてほしいと言われたら、データとして残したうえで次回に反映させるようにするのです。

周囲の雰囲気が醸し出す〝店やレストランの風格〟

風格をつくるのはお客さま

ある旅館のご主人は、「旅館の風格をつくるのは、女将や主人、スタッフでもなく、旅館に来られるお客さまです」と言われます。確かに、お客さまが風格を創り上げ、醸し出される風格を求めてまた新たなお客さまがいらっしゃる——こうした好循環が理想的なかたちと言えるでしょう。

先ほども述べましたが、ホテルでも、「いいホテルか悪いホテルかは、利用されているお客さまを見れば分かる」という言い方がよくされます。これは、ホテル側がどういうお客さまに来てほしいと思っているかというマーケティング戦略とも連動しています。それぞれのお店には、例えば、若い女の子に来てほしい、あるいは老夫婦に来てほしいといったターゲット層があり、それらの人々が利用しやすいようにさまざまな工夫を行うため、ターゲット層ではない人たちには、逆に、入店する際に気がすすまなくなる雰囲気となることがよくあります。一般的にシティホテルでは、外国人客の比率を高めようとします。外国人のほうがひとり当たりの消費額が多く、国際色豊かなホテルらしい雰囲気をつくってくれるからです。

リッツ・カールトンのマーケティングにおいては、「トップ5％」にターゲットを絞るという考え方があります。これは、お金持ちだけを相手にするという排他的なものではありません。富裕層に満足いただけるレベルのサービスを実現すれば、そうした世界に憧れる多くの人々にも満足していただける。〝紳士淑女に高く評価される、紳士淑女のためのホテル〟というコンセプトに沿ったものです。したがって、広告の媒体は、それらの方々が目にするものにできる限り絞りました。無駄なお金は使わない――このことを徹底させることによって、ホテルのブランド力がさらに増し、風格を一段と高めることにつながるのです。

〝治外法権〟はつくるな

その店らしさ、あるいはそのホテルらしさを追求しようと思えば、提供する側がきちんとしたコンセプトを設定し、隅々までそれを反映させて臨むことが不可欠です。インテリアなども重要でしょう。レストランでは、料理の味だけではなくて、全体が醸し出す雰囲気も含めて評価されます。特に大切なことは、サービスの質です。味だけならばあそこのお店も美味しいけれども、総合力では他には絶対に負けない、という店を目指したいものです。

ホテル内のアーケードに和洋中などの有名専門店を出しているケースも少なくありませ

んが、ザ・リッツ・カールトン大阪では4つあるレストランをすべて直営としました。ホテル業界では直営にするのが難しいと言われている和食レストランも例外ではありません。有名専門店を入れると、そのファンからは支持されるものの、リッツ・カールトンの哲学が徹底されていない場所ができてしまう、と考えたからです。これは私の持論ですが、それなりのレベルのホテルであれば、ESなどいろいろな側面から考えた時、テナントを入れたりしないほうがいいでしょう。テナントを入れた場所だけが〝治外法権のエリア〟になるからです。ホテルというのは全部がハーモニーを奏でてひとつのホテルになり、その中に和食レストランもあります。それが違う経営者のもとにある場合、非常に不自由になってくるわけです。当然、ホテル全体と同じようなスタッフ教育ができないし、同じような行動様式を持ったチームもつくりにくくなってしまいます。

ザ・リッツ・カールトン大阪の場合は、ホテル内に設けたすべてのレストランにおいて、外国人を含め、リッツ・カールトンの哲学を理解した素晴らしい調理スタッフを迎えることができました。だからこそ、すべてがそれぞれのジャンルでナンバー・ワンであり、匹敵するところがないんだ、という自負を持ってオープンさせることができましたし、スタッフも見事にその思いに応えてくれました。

それでも、長期滞在でいつも同じレストランでは飽きるとか、リッツ・カールトンにはないたこ焼きやお好み焼き、おでんが食べたいと言われれば、責任を持って、大阪でもナンバー・ワンのところをご紹介する。このように、お客さまのご要望に合わせて、ナンバー・ワンの中から選び、お勧めすることにしています。

接客スタッフは〝夢〟を届ける人

どんな仕事にも使命がある

「職業に貴賤なし」とよく言われますが、たとえどんな仕事であっても、世の中で必要とされ、求められている限り、全力を尽くすことが大切です。最初から「自分に向いている仕事ではない」と決めつけてしまえば、その仕事の面白さも魅力も見えてきません。向き・不向きはあるかもしれませんが、まずは与えられた仕事に対して真正面からぶつかってみる真摯な姿勢がなくては何も始まらないでしょう。

特に、サービス業の仕事は、提供する側の心の持ちようでずいぶんと変わる職種と言えます。本人の気持ち次第で、とても魅力的なものにもなるし、とてもつまらないものにもなります。例えば、レストランのウエイターやウエイトレスはその典型例と言えるでしょう。自分のサービスひとつで、自分を目当てに来るお客さまが生まれる可能性もある。自分の力で、店を繁盛させることだって可能となります。

しかし一方で、料理を運ぶことなんて誰にだってできると考えて、何の工夫もせず、嫌々やっていたら、その気持ちはすぐにお客さまに伝わってしまいます。そのようなスタッフが多くなると、店の評判は簡単に落ちることになります。ホテルの業界で独特な言葉のひとつに、「サラケツ」という俗語があります。レストラン部門で接客を行うスタッフは料理のお皿を運ぶのが主な仕事になりますが、それを「お皿の底に指を添えて運ぶだけの単純な仕事」にたとえているのです。

でも、料理の載ったお皿ひとつを運ぶにしても、カップルの席に美味しい料理をスマートに、そして気の利いた言葉を添えてサービスすることができれば、さらに2人の会話が弾むかもしれません。その人たちにとって、一生の思い出として残る場に立ち会うことができるかもしれないのです。そんな素敵なことができる可能性を秘めたお皿を手に持ちながら、「自分の仕事は皿を運ぶだけだ」といじけていては、面白くもなんともなくなってしまうでしょう。

アイデア次第で心をつかめる

私が若かった頃は、ウエイターやウエイトレスといった職種は、フロントなどと比べて、どちらかと言うと低くみられていました。しかし、いまはフロントマンよりウエイターやウエイトレスになりたいという人も少なくありません。「ソムリエ」などの資格制度も充実してきて、従来以上に評価されるようになってきたことも一因かもしれません。料理のつくり方や食材の話、何がお酒と合うかなど、知識を持っていればお客さまと会話を楽しむチャンスも増えてきます。

また、エンパワーメント（裁量委譲）によって、自分のアイデア次第でお客さまに喜んでもらえる機会もつくることができます。あるテーブルの担当となれば、オーダーを聞いてからデザートを食べ終えるまで、お客さまと接する時間も長くなります。その時間の使い方によっていくらでもお客さまに喜んでいただける面白さがあります。

ザ・リッツ・カールトン大阪の例を紹介しましょう。レストラン内のあるテーブルで、小さく「乾杯！」という声が聞こえたので、さりげなくお客さまの会話のやりとりに注意すると、お父さんの退職を家族がお祝いしていることが分かりました。そこで、ホテルからのお祝いの気持ちとして、退職のお祝いが書かれたチョコレートのプレートを添えてケーキをプレゼントしたところ、とても喜んでくださいました。また、小さなお子さまを連れたご夫妻から「子ども用の椅子を用意してもらえないか？」と依頼された際、椅子を用意するのはもちろん、テーブルの上にジュースやおもちゃをセットしてお迎えして、同じく大変喜んでいただいたケースもあります。

ウエイターやウエイトレスの仕事には、最後に自分の名前を覚えてもらえる嬉しさや、次に名指しで指名してもらえるかもしれないというワクワク感も伴います。お金ではなく、そうした〝ご褒美〟で張り切れる人が向いている世界かもしれません。実際、私の部下のひとりは、お客さまからとても気に入られ、娘さんの伴侶になった例もあるほどです。「喜んでいただく」ことがいちばんの目標でありつつも、その結果として、こうした認められる面白さはとても魅力的なものと言えるでしょう。

セールスも「ホスピタリティ」から

素晴らしきセールスとは

商品企画やセールスも、「お客さまのため」を徹底的に追求することによって、大いにホスピタリティを発揮できます。

私がとても素晴らしいと思ったセールスマンに関するエピソードがあります。自分のホテルのお得意様から「宴会場を取ってくれ」と言われたものの、すでに予約が一杯で取ることができなかったため、他のホテルの宴会場を探し、お客さまに紹介しました。そして彼は、最初に紹介先のホテルにきちんとお断りを入れたうえで、お客さまが困らないように、ホテル側と事前の準備をすべく情報交換などを行うと同時に、宴会当日はサポート役を務めたのです。自分のホテルの仕事ではないのだから、なんでそこまでやるのか疑問に思われるかもしれません。もちろん、デリケートな部分はありますが、限られたなかでベストを尽くす彼の姿勢は、お客さまからみれば「そこまでやってくれるのか」と感動を与えることにつながります。

このあたりは上司の理解もないと難しいことではありますが、やる気になればそこまでできます。本来自分のホテルの宴会場を使うことができれば、まずこのお客さまは何も困らなかったはずなのに、それがこちらの事情でできなくなった。別のホテルへ行く際、もしも癖のあるお客さまであれば、受け入れるホテル側がそれを理解するまで不都合が生じかねない。それはお客さまにとっても、そのホテルにとっても不幸である――そう考えて、お客さまのことをよく知っている自分が動くことによってそれを防ぐことを第一に行動したわけです。

同じような話は、ザ・リッツ・カールトン大阪でもあります。リッツ・カールトンに泊まったお客さまから、今度は名古屋へ行くからどこかいいホテルを紹介してくれ、と頼まれることは珍しくありません。その時に、紹介したホテルに一本電話を入れておいて、「こういう好みのあるお客さまがお泊りになる」ということを事前に情報提供しておくと、お客さまは安心して宿泊することができます。こうしたキャッチボールはしょっちゅう行われています。

名古屋のホテルに宿泊したお客さまからは、「名古屋へ行ったら、君の名前が出たよ。おかげで良くしてもらえたよ」と言っていただき、セールス担当としての評価も高まる。自分のお客さまのために工夫し、行動できるのがホテルマンの仕事であり、その際、「何かをして差し上げたい」と思う強い気持ちが何よりも大切になるわけです。

モノを言う日頃の人脈

日本経済がバブルの真っ只中にあって、世界のビッグスターたちが競って日本を訪れていた1980年代後半、私は大阪全日空ホテルシェラトン（現・ANAクラウンプラザホテル大阪）でセールスを担当していました。当時、どのホテルもスターに宿泊してほしいと考えていました。なぜならば、マスコミ等で「○○が××ホテルに泊まった」と報道されれば、それだけで宣伝広告の威力は絶大となるからです。

私の場合は、まず誰が来るのかという情報をもらうことから始めました。例えば、キョードー東京など音楽プロモーターのところに足しげく通っていると、人間関係ができてきます。そうすると、「○○が公演で来日することが決まったら、ぜひ教えて！」と言うまでもなく、ちゃんと情報を提供してくれるものでした。

また、ホテルマン同士での人脈も大いに役立ちました。東京で先に公演があって、その後、大阪に来る時などは、仲のいい東京のホテルマンからリポートがあり、「このスターからはこういうことを言われるよ」「部屋はこうしておいたほうがいいよ」などと教えてくれる。同業他社ではあるけれども、お互いに情報交換を通じて補い合える関係を構築しておけば、いろいろな場面で自分を助けることになるのです。

そして、スターが来阪すれば、ほぼつきっきりで世話をすることになります。彼らはとてもデリケートですから、彼らが機嫌良くいてくれることが関係者にとって何よりも重要です。そこには、受けるホテル側のあり様がかかわってきます。

最も大切なのは、プロモーターやマネージャーの方々の仕事をいかに少なくして差し上げるかであり、それができるかどうかが私たちの値打ちを決めます。何も言わなくてもやってくれるのであれば、彼らもホテルに着いたらすぐにシャワーを浴びることができる。そうでなければ、「いちいちあれこれ指示しなければならない」となってしまうわけです。

私は当時、セールスが仕事でしたが、その前に宿泊や宴会のマネージャーも担当していたために、ホテル内に多くの信頼できる仲間がいました。例えば、マドンナが宿泊すると、ホテル内の非常用階段を昇ったり降りたりするエクササイズを欠かさなかったため、何人かに協力をお願いして、階段の途中でプロテクトしてもらうわけです。そうすると、そのスタッフも、「ぼくはマドンナを守ったんだ」と言って喜んでくれたりする。また、スティービー・ワンダーやマイケル・ジャクソンは、コンサートの時にタオルを何十枚も用意してくれと言う。大量の汗をかくほか、野外ステージでは雨が降ったりする場合もあるからです。最初は関係者も遠慮して言うようなことを、言われなくても「用意してあります！」という状態にしておく。そうして、お互いに仕事のキャッチボールが、一つひとつ言われなくてもできるようになってくると、信頼関係が生まれてきます。

大物スターひとりが泊まると、「彼（彼女）が泊まったホテルなら安心だ」と噂が広まり、セールスもしやすくなる。ここからもまた好循環が生まれてくるわけです。

第3章

「ホスピタリティ」溢れる現場づくり

〝ホスピタリティ人財〟を育成するには

基本は「人間性善説」

「信頼」こそがすべての第一歩

リッツ・カールトンにおける人材教育の基本は、「人間性善説」です。

上司が何か特別なことを言ったり、指示したりしなくても、スタッフはお客さまが喜ぶことをしてくれる。リッツ・カールトンでは、それを当たり前のことであると捉えています。なぜならば、入社してくるのは、QSPをクリアした、私たちと仕事に対する考え方や行動様式を同じくする人ばかりであり、その時点で、〝リッツマンにふさわしい〟という意味では一人前だからです。この人だったら、いつもお客さまのことを考えて、自分ができる精一杯のことをするだろう――そういう信頼が根本にあります。

また、スタッフはみんな、立派な社会人です。日常生活においては、さまざまな場面に自分で対応しながら生活するだけの判断力と行動力を持っています。お客さまをおもてなしする際は、自分で考えて行動してくれればいい。おもてなしの仕方にも、人それぞれ違いがあっていい。「一緒に働きたい！」と選んだスタッフに対する信頼があるからこそ、このスタンスを保つことができるのです。

リッツ・カールトンのQSPにパスする人は決して多くありません。また、ブランド力が高く人気があるホテルですから、採用された人も、「自分は選ばれた」という誇りと責任感を持ち、高いモチベーションのもとで働いてくれます。〝リッツマン〟としての素質があるうえに、もっと頑張ってくれる。そういう相乗効果が生まれているのです。

マナー教育は不要

信頼を大前提とする性善説に基づいて考えれば、マナーに関する研修や訓練は基本的に最小限で十分です。実際、リッツ・カールトンでは初歩的なマナー教育は行っていません。新人といえども、立ち居振る舞いや言葉づかい、電話の取り方といった常識的なマナーが身についていないことを前提とした接し方はせず、任せきりにはしないまでも、本人が判断する対応を尊重しながらアドバイスする形をとります。

例えば、「挨拶しなさい」とは言うとしても、どういう挨拶をするかまでは指示しない。挨拶にもいろいろあります。こちらの顔も見ずに連発される「いらっしゃいませー」という声を聞かされるくらいならば、店員さんがきちんとこちらを見て、目を合わせて微笑んでくれたほうがずっといい。そうした価値観を最初から持っているものとして、どのように挨拶するかはスタッフに任せます。

身だしなみについても細かい規定はありませんが、例えば他の業界では多少許されても、ホテルやレストランで働く人が香水をつけて接客するのはご法度です。こうしたことは業種・業界によって違うものの、社会人であれば言われなくても分かりますから、しつこく言うことはありません。私たちが選んだ人は、何も言わなくても「いけないな」と判断してくれるはずだからです。

これらはホテルマンとしてはもちろんですが、ひとりの人間としても当たり前のことです。でも、「必ず『いらっしゃいませ』と言いなさい！」とマニュアルで規定されていたら、逆に、お客さまの顔も見ずに「いらっしゃいませー」と言わせるような結果を生みかねません。そして、そういうことが実際に起こっているお店もあるように思います。これは会社や組織の責任でもあります。もともとその場にふさわしい振る舞いができる人がその能力を発揮できるかどうかは、細かいマニュアルによる訓練ではなく、会社や組織がスタッフを信頼し、彼らが自ら判断して行動できる環境づくりをしているかどうかにかかっているからです。

基礎的な教育にかける時間とコストを減らすことで、管理職側も、違う側面――もっと高いレベルでスタッフを教育することに注力できるわけです。

現場が最大の〝教育の場〟

それでは、リッツ・カールトンでは人材教育において何に力を入れているのでしょうか。

まず、現場教育があげられます。マナーに関して改まった教育を行わない一方で、各部署にいるトレーナー有資格者の指導のもとで、ＯＪＴ教育をしっかりと行っています。リッツ・カールトンのＯＪＴ教育は、マンツーマンが基本です。リッツ・カールトンの方針を学んでもらうために、ホテル業界で経験がある人も含め、新しく入社した人はみんな、1対1で先輩の仕事について回ります。仕事を覚えてきたところで、今度は先輩が新人の後についてチェックしていく。「見せる」教育から「見る」教育に徐々にシフトしていきます。

また、リッツ・カールトンで実際にあった〝スタッフとお客さまの心温まる話〟を教育用に発信しています。「ストーリー・オブ・エクセレンス」、別名「ワオ・ストーリー」と呼ばれるこれらのエピソードは、毎日行われる「ラインナップ」で紹介され、仲間たちの成功体験を世界中の〝リッツマン〟たちが共有します。

上司は部下に「いいサービスをしなさい」とよく言います。しかし、言われた側は、お客さまに喜んでいただきたいという気持ちがあっても、具体的にどういうことをすればいいのかが分からない。したがって、お客さまに褒めていただいた、お客さまが感動してくださった、喜んでくださった――そういった実際のエピソードを具体的に紹介することで、「私たちが言う〝いいサービス〟とはこういうことなんだよ」と伝えているのです。

リッツ・カールトンにおける仕事の最大の原点は、お客さまにどのように接したらいいのか、どのようなことをしたら喜んでいただけるのかということを共有し、メンバー全員でより良いサービスを目指すことにあります。自分がその場にいなくても、スタッフの間を飛び交う現場の情報を一人ひとりが蓄積し、活用していく。それをとおして、スタッフが会社の価値観や、サービスで大切にしているポイントを体感し、心のプロフェッショナルとしてのスキルを高められるように導くのが、リッツ流の人材教育方法なのです。

〝リッツマン〟の共通用語

スタッフの裁量権を大事にする一方で、ホスピタリティ溢れる現場づくりに向けて、リッツ・カールトンがスタッフに徹底してもらっていることのひとつが「言葉」です。英語表現における決まりごとについての例をあげると、「かしこまりました」と言いたい時、「OK」でも「Yes, Sir」でもなく、〝リッツマン〟としては、「My pleasure（喜んで）」を使うようにと言われます。

これは、「よりリッツ・カールトンらしい言葉を使いましょう」ということであり、マナーとは別の観点での約束事だと言えます。自分たちがこだわりを持って選んだ表現を使用するのは、リッツ・カールトンがリッツ・カールトンたらんとする姿勢のひとつだと私は思います。そして、心を磨くには、毎日使う言葉を含め、日常の細部にまで注意を払っていかなくてはならない、という意識の表れでもあるでしょう。こうして、「他の会社とは違うんだな」というこだわりを見せることが、スタッフの誇りにもつながっています。

一方で、こうした決まりごとも精査され続けています。例えば、全世界で統一されていた「My pleasure」という表現は、ハワイのザ・リッツ・カールトン カパルアでも用いられていました。しかし、「ハワイにバケーションに来た方々を相手に、『My pleasure』でいいのか。カジュアルに『Aloha!』のほうがいいのではないか」という議論がありました。結果としてその時は、「どこにあってもリッツ・カールトンはリッツ・カールトンである」として、「My pleasure」が継続されましたが、議論があった、ということが重要なのです。常にお客さまの喜びを第一に考えるのならば、時代や場所、お客さまの要望を考慮し、変えていくべき課題がなくなることはありません。最も重要であるクレドに則っている限り、繰り返し改善していく姿勢が大切になるのです。

一人ひとりの可能性が広がる教育

スキルの評価は「サーティフィケーション」で

リッツ・カールトンにおけるスタッフに対する評価は、人間性と知識・技術の両面を見て行われます。人間性の教育にかける時間はかなり多く、スキルよりも心を磨くことを重視するのが基本ですが、「リッツ・カールトンのホテルマンとして一人前である」と部下を認めていくなかで、もちろん知識や技術も必要になってきます。

リッツ・カールトンでは、ポジションごとに〝リッツマン〟として身につけるべき知識・技術の項目を設定し、それを上司が年に1度チェック・評価するという、「サーティフィケーション（Certification）」（表6参照）を行っています。評価の項目や方法がしっかりと決まっていることは、とても重要なことです。スタッフは自分の課題がはっきりと見えますし、逆に言えば、ほかの人が認められた時も、その理由をきちんと理解できます。「昇進したのは上司に気に入られているからだ」といったような不満も起こりません。明確に示された基準のもと、「一人前になるためにはこれをもう少し磨きなさい」「これはもう君はできるようになっているね」というように確認していくわけです。「できている」と判断する際の合格ラインは、90％でも80％でもなく、１００％です。その項目に関して

Training Check List / Lobby Attendant　　Trainer:　　Trainee:

#	トレーニング項目	担当者	トレーニー	日　付	修了　／	再チェック
1	ゴールド・スタンダードとフィロソフィ			月　日	修了	再チェック
	●トレーニングの焦点：クレド、モットー、サービスの３ステップ、従業員への約束、12のサービス・バリューズの確認。何故これらが、我々にとって重要なのかを説明。					
2	身だしなみ基準			月　日	修了	再チェック
	●トレーニングの焦点：ホテルマン・ホテリエとして、プロフェッショナルな身だしなみ基準に適しているか。服装、髪型、髪の色、爪、装飾品、口臭、体臭、香水等、全ての確認と、清潔さ。					
3	鍵の持ち出し			月　日	修了	再チェック
	●トレーニングの焦点：キーの重要性を認識しているか。					
4	引継ぎ帳			月　日	修了	再チェック
	●トレーニングの焦点：日々の申し送りに、朝一番に目を通しているか。					
5	無線			月　日	修了	再チェック
	●トレーニングの焦点：無線の取り扱いを理解しているか。					
6	パブリックエリア			月　日	修了	再チェック
	●トレーニングの焦点：ホテル内の構造を理解しているか、ロビアテ倉庫の使い方を理解しているか。					
7	ゲストへの対応			月　日	修了	再チェック
	●トレーニングの焦点：ゲストに対して笑顔で挨拶できているか、ご案内の仕方。					
8	基本巡回			月　日	修了	再チェック
	●トレーニングの焦点：パブリックエリアの巡回（トイレ含む）。					
9	シフト			月　日	修了	再チェック
	●トレーニングの焦点：２人もしくは３人体制での動き方を理解しているか。					
10	清掃１			月　日	修了	再チェック
	●トレーニングの焦点：トイレ清掃、各種洗剤の使用方法を理解しているか。					
11	清掃２			月　日	修了	再チェック
	●トレーニングの焦点：壁、窓ガラス清掃の仕方。					
12	清掃３			月　日	修了	再チェック
	●トレーニングの焦点：真鍮磨き、ブランケット清掃の仕方。					
13	盗難、故障処理			月　日	修了	再チェック
	●トレーニングの焦点：パブリックエリアにて、盗難、故障を発見した時の対処の仕方。					

●表６「サーティフィケーション」チェックシート

は100点満点だと判断して初めて、「修了」に○をつけることを徹底しているのも特徴と言えるでしょう。

このように、QSPで採用された人ばかりだとはいえ、会社（組織）の質を保つという観点から、毎年、教えたことが身についているか、リッツ・カールトンの仕事の原点である「ゴールド・スタンダード」を覚えているか、身だしなみは適切か――といった基礎的な項目も含めてチェックし、引き続き1年間、仕事を継続してもらえるかどうかを確認します。リッツ・カールトンは、すべてにおいて精査し、改良し続ける組織であり、現場でお客さまの感動を創造するスタッフの能力を高め続けることを、最も重要な使命のひとつであると考えているからです。

さらに、これに合格したスタッフをしかるべきメンバーの前で表彰することで、試験はスタッフの能力をチェックするだけではなく、そのモチベーションを高める役割も果たしているのです。

"指摘し合える"環境

毎年確認し続けることからも分かるように、リッツ・カールトンのスタッフといえども、本来できているはずのことが適切にできていないことがあります。そういう時は上司の出番で、相手のことを認めているからこそ、きちんとした指導を徹底させます。その際に大切なのは、どのように指摘するかです。まず何よりも、日頃からきちんとコミュニケーションがとれていることが前提になります。会社や組織がその人に対する信頼を表現していれば、注意した時もスタッフはマイナスと捉えません。むしろ、組織から認められていること、信頼されていることに応えようと、改善に努める姿を見せてくれるでしょう。上司もそれを見て評価する。お互いにきちんと反応し合い、上司と部下、双方にとって心地よいキャッチボールとなります。

また、リッツ・カールトンには、こうした指摘が行いやすい場もあります。その代表が、毎日の「ラインナップ」です。ラインナップは、日替わりで取り上げられる「ベーシック」に沿って、上司・部下を問わずお互いの気になるところを指摘し合う良い機会になっています。例えば、「自分の身だしなみには誇りを持ち、細心の注意を払います」というベーシックの日なら、「山本さん、そのワイシャツはあまり印象が良くないかもしれません」といったかたちで話し合うきっかけになるわけです。

個々のスタッフの〝最適〟を導く仕組み

指導・教育する内容によっては、面と向かって部下に注意しなくてはならないこともあります。その場合、みんなの前で言っていいことと、言ってはいけないことがあるし、人前で怒られても平気な人もいれば、必要以上に気にしてしまう人もいる。上司はそれを配慮して教育に当たるべきです。相手に合った伝え方を選ぶことは、サービス業に携わる人間に欠かせないスキルでもあります。

リッツ・カールトンで部下を教育する立場にある人たちは、日常のコミュニケーションに加え、採用時に実施したQSPのデータを、一人ひとりのスタッフに合った教育方法を探る際に活用しています。QSPは常に精査され続けているオリジナルの性格診断でもあるため、信頼性が高く、さまざまな場面で参考になるのです。この結果はグラフ化されており、例えば、「この人はチームワークが強いけれども、積極性が少し弱い」というような特性が見て分かるようになっています。それをもとにして、「この人は人前で注意を受けるとポジティブに受け止められないかもしれない」といったことが分かれば、そっと注意するようにできるでしょう。

QSPは採用時のためだけに存在しているわけではありません。リッツ・カールトンでは、必要なものには徹底して時間やコストをかけますが、その一方で、それらをあらゆるシーンで活用します。その結果、逆に低コスト・低労力で高品質を実現することができるのです。一つひとつの仕組みや制度が単独で存在しているのではなく、それぞれが密接に絡み合って、ひとつの優れたマトリックスを構築しているところに、リッツ・カールトンの組織としての力が表れていると言えます。

〝迷ったらまず行動〟を徹底——「失敗」が人間性を育む

お客さまの心を読む修行

サービス業、特にホテル業界は、良かれと思って行動し、たとえその結果失敗したとしても、取り返しのつかないことになることが少ない業界だと言えます。例えば、宿泊のお客さまのことで失敗してしまった場合、お客さまがお発ちになるまで、挽回するチャンスはいくらでもあります。「これをして喜んでいただけるかな」と迷った時、例えば間違いによってお客さまの安全が脅かされる危険性が高い交通機関のような仕事では、「(迷ったら)やめろ」が常識となりますが、私たちの業界では、「(迷ったら)まず行動」が求められると言えるのです。

長い間ホテルマンとして働いていた私でも、お客さまの希望がはっきりと分からず、迷うことはありました。ベテランになっても、お客さまの心が完全に読めるとは限りません。経験の浅いスタッフならなおさらです。だからこそ、迷った時に立ち止まらず、動いてお客さまに声をかけることを繰り返し、「相手の心を読む」ための経験を積み重ねることが大切なのです。

お客さまに声をかけるべきかどうか迷った時、拒否されることを覚悟のうえで行動に移すことは、勇気がいります。百発百中で喜んでいただけるわけではありませんから、失礼だと思われてしまったり、快く応えていただけなかったりすることもあります。それでも、「そういうこともあるな。次からは気をつけよう」と思えばいい。そして、10人にひとりでも喜んでくださる方がいらっしゃるのならば、次の機会でも必ず声をかけるようにします。

経験を積むなかで、喜んでいただける確率の高いシチュエーションがだんだんと分かるようになります。ロビーでクリスマスツリーを見ているお客さまに、「写真をお撮りしましょうか」とうかがえば、99％の確率で喜んでいただけるのは良い例です。そして、スタッフが恐れずに挑戦し、そこから学んでいけるかどうかは、会社・組織が築いている環境次第なのです。

スタッフの〝第一歩〟を後押しするもの

リッツ・カールトンの仲間のおもてなしを見ていて、年齢も性別も立場も関係なく、「負けた！」と思うこともよくありました。失敗のリスクがあっても、お客さまが喜んでくださるかもしれないと思えば、自分をさらけだしてでも接客するスタッフの姿がある。彼らの勇気はどこからくるのでしょうか――。

QSPをクリアしてくる人たちは、お客さまのために自分なりに工夫して接客できる素質を持っています。しかしアイデアがあっても、「やっていいのかなぁ」「上司に怒られるかなぁ」「迷惑がかかるかなぁ」というような不安を抱えたままでは、すぐに行動に移すことはできません。その最初の不安がなければ、半歩でも早くお客さまのもとに出て行ける。その半歩の差、その姿勢が、お客さまの満足、感動につながるのです。スタッフを躊躇させる不安を、会社や組織が取り除いてあげなければなりません。

リッツ・カールトンは、失敗を恐れて何もしない人ではなく、失敗してでもお客さまのために何かしようとした人を評価する姿勢を明確に示しています。スタッフに与えている「エンパワーメント」は、その代表的な例です。エンパワーメントは、「まずやってごらん。何かあったら責任をとってあげるから」ということを意味しています。与えられた裁量権を自らのアイデアの実現にフル活用し、思い切りトライするなかで、自分のホスピタリティを磨いてほしい——そういう思いのもとに存在している仕組みです。スタッフに1日2000ドルの裁量権を与えているのも、その思いの表れに過ぎません。自ら考え、失敗を恐れずに行動に移す後押しをする仕組みをつくることで、職場はスタッフが楽しんで成長する場となる。そして、そういう現場でこそ、お客さまの感動が生み出されるのです。

マニュアル人間は不要――十人十色の「ホスピタリティ」

「ホスピタリティ」は固有名詞

同じ会社・組織内においては、「喜んでもらいたい」という心も、提供するサービスも、全員が一定以上のレベルでなければいけません。しかし、その表現方法には人それぞれの違いがあっていい。むしろ、一人ひとりの個性やオリジナリティは、活かすべきものです。私が知っている、名古屋のとあるホテルの総支配人は、叩き上げのホテルマンではなく、専門的な教育は受けていませんでした。しかし、「ホスピタリティ」という視点から見た時、自分流のおもてなしをする、大変素晴らしいホテルマンです。例えば、お客さまが食事する際にテーブルに敷くペーパーマットに、自分で絵と書を描きます。それを見た時、私は、自分が思いつかなかった、そして自分にはできないおもてなしの心の表現方法に感嘆し、その方だけのホスピタリティが、マットに醸し出されているように感じたものでした。

繰り返し述べてきましたように、お客さまを心からおもてなしするための表現方法に、絶対的な正解はありません。ひとりの人間として、自分の人生をもとに、「こうしよう」「こういうふうに言葉に出そう」と考えて自ら動くことが、「ホスピタリティ」の原則だからです。

その表現方法は、国や文化によっても異なるものです。世界には、さまざまなかたちのホスピタリティが存在しています。ハワイには「アロハスピリッツ」、米国南部には「サザンホスピタリティ」と呼ばれるホスピタリティがありますし、もちろん、日本にも、「おもてなし」というホスピタリティがあります。それぞれのホスピタリティの表し方には、共通するものも確かにある一方で、違いもある。例えば日常生活の中に音楽が入り込んでいるハワイでは、おもてなしにおいても音楽が重要なカギを握っているのに対し、和独特の「侘び・寂び」といった世界では、むしろ静寂がおもてなしという捉え方すらあります。表面的には正反対ですが、お客さまをおもてなししたい、という思いに違いはありません。音楽も静寂も、その心の表現方法のひとつであると言えます。

その意味では、ホスピタリティとは、決まった型を持った一般名詞ではなく、「〇〇君のホスピタリティ」というような固有名詞とも言っていいでしょう。リッツ・カールトンがサービスに関する細かい規定をつくらない理由も、個々の人材が持つホスピタリティの可能性を信じる哲学があるからです。

さらに、誰がやっても同じ結果になる接客はありません。キャラクターの違いなどもあって、同じことをしても、人によって相手に与える印象は異なります。その違いは、良い悪いではなく、その人の感性または個性によるものです。これを活かして精一杯おもてなしに工夫することは、自分自身のホスピタリティを育てることにつながります。

かけるのは〝コスト〟ではなく〝手〟

前にも触れましたが、リッツ・カールトンのサービスにまつわるエピソードがメディアなどで語られる際、お客さまのお誕生日や記念日にスイートルームでの宿泊やシャンパンをプレゼントしたり、忘れ物を新幹線で届けたりするといった、派手でコストを伴うものが多く取り上げられます。でも実際は、「かわいらしい」と言えるようなちょっとしたことが、日常的に行われているのです。

例えば、場所を尋ねられればそこまでご案内する。お客さまの誕生日に、お客さまと親しいスタッフたちだけで手づくりのカードをつくり、それぞれがメッセージを書いて差し上げることもある。風邪をひいているかもしれないお客さまにジンジャーのお茶を入れ、湯たんぽを用意する。赤ちゃんが一緒であれば哺乳瓶を温めておく。お客さまの荷物が多ければ駅まで持って行く——このように、家族や親戚、友人など、身近な人がしてくれるようなことが、おもてなしの核でもあります。ホテルの建物は自宅とは異なるかもしれませんが、スタッフはそのぶん、お客さまが「我が家」の落ち着きを得られるような〝家族〟となるべくおもてなしするのです。

人に何かをプレゼントする時でも、いくら高価なものであろうと、相手にふさわしく、そして自分のセンスで選んだものでなければ個性がありません。相手の顔を思い浮かべ、その人のためだけを考え、自分でつくったり、探し回ったりしながら、手間と時間をかけて用意するというところにこそ、おもてなしの温かみがある。それが、受け取る人の感動を呼ぶのです。

コストがかかっていることよりも、手がかかっていることのほうが大切だったりします。リッツ・カールトンにおけるさまざまなエピソードにしても、スタッフたちは、費用以上に手間と時間をかけているのです。提供する側の押しつけであったり、ただ単にルールがあるから、機械的にそれに従っただけであったりするサービスでは、感動など生まれるわけがありません。

例えば、あるホテルにチェックインした際、部屋のテーブルの上にホテルからの手紙とささやかなフルーツが置かれていたとします。印字による手紙には、「今年5回目のご宿泊、ありがとうございます」とある。しかし、それを見たお客さまは、「ああ、5回とか10回になると、機械的にこういうサービスがあるんだな」と思うだけです。少しは得した気分になるかもしれませんが、それならば、チェックインした直後に、自分が大好きな新鮮なジュースを客室係が持ってきて、笑顔とともに自らの言葉で感謝の気持ちを表現してくれたほうが、ずっと心に残るはずです。

ごく当たり前のちょっとしたおもてなしだとしても、上司が見ていなくても、マニュアルがなくても、お客さまが何も言わなくても、スタッフが喜んで、自分の判断でそういうことをできる環境がある――それが重要なのです。「お誕生日には〇〇を差し上げましょう」というようなマニュアルで、スタッフがお客さまのために考える楽しみと、それを受け取るお客さまの喜びを奪ってはいけません。

地域色溢れるホスピタリティ

お客さまに、その場、その時、自分がどのようなことをして差し上げたらいいのかと考える時、「地域性」はひとつの切り口になります。例えば、ザ・リッツ・カールトン大阪では、「和」を切り口にお客さまに喜んでいただけるようなサービスが考えられました。

ザ・リッツ・カールトン東京の現在の総支配人であるフランソワ・ノッカート氏は、以前は私が「総支配人トレーニング」（第5章で詳述）を受けた米サンフランシスコのリッツ・カールトンの料飲部長で、そのご縁で大阪でも開業時の料飲部長として働いてくれていました。和食レストランが開業する前、日本人スタッフの間で、大小の2種類あるお箸のうち、どちらか1種類に決めるために相談していると、そこにいたノッカート氏が、「お客さまに選んでいただくようにすればいいじゃない」と言うのです。確かに外国の日本料理店では、お箸はあっても、普通、長さのバリエーションはありません。「それは楽しいよね」ということになり、濡らした大小の桐の箸を綺麗なトレイの上に並べ、お客さまに選んでいただくことになりました。特に外国人の方にとっては、長さが違うものがあるということ自体が珍しく、それだけで話題になっていました。これは、日本らしさを活かしながらお客さまに楽しんでいただく演出の良い例でしょう。

また、季節ものの桜茶も、ザ・リッツ・カールトン大阪では機会があるごとに供しています。季節を問わず提供するのは邪道だと言われるかもしれませんが、日本らしくて、美味しくて、楽しくて、かわいらしい。外国人のお客さまは喜んでくださいますし、日本人のお客さまにとっても、「飲むのは久しぶりだね」というような会話のきっかけになります。一杯のお茶を差し上げる際にも、楽しい話題を添えられたらいい。そんな思いから、総支配人が知らないところでも、現場で働くスタッフたちがそれぞれの発想でこうした取り組みを提案し、実行しています。そして、誰かがアイデアを出した時は、「いいね!」「じゃあもっとこうしよう!」と、喜んで参加するような人材しか集まっていないことが、次々とアイデアが実現されていく理由のひとつでしょう。

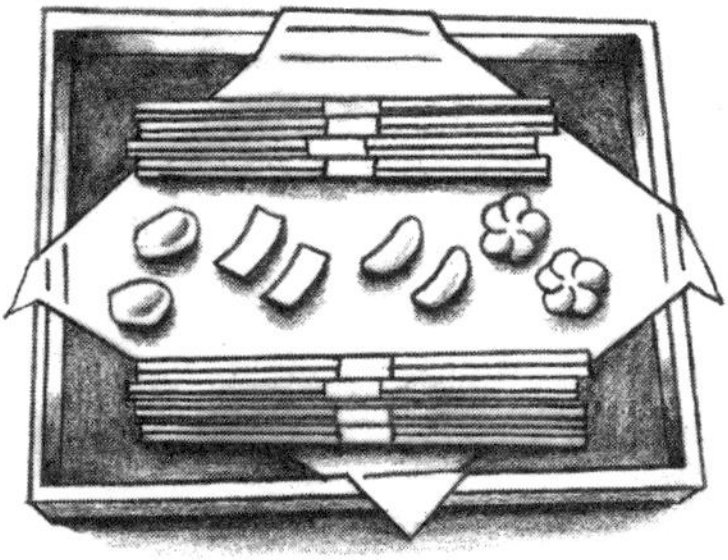

「個」の成長が、「全体」の発展に直結する

新たに生まれる物語

お客さまのことを知るには

私がホテル業界に入った頃は、お客さまがどういう方なのかを知りたければ紳士録などを見なければなりませんでした。また、何よりも先輩からの情報がとても重要な役割を果たしていました。例えば、先輩と2人でフロントに並んでいる際、私が初めてお会いするお客さまがいらっしゃると、その方の名前や特徴、こだわりや好きなお部屋などを、先輩がこっそりと教えてくれる。後々同じお客さまがいらっしゃったら、チェックインに携わっているのが自分ひとりでも、先輩が教えてくれたことを思い出して接客します。そうすると、にっこりと笑って「やるねぇ」と言ってもらえるなど、私たちの評価が上がり、結果としてホテルの評判も高まったものでした。

しかし、規模の大きさに比例して、お客さまの人数も情報も多くなります。お客さまの名前を覚えるための工夫は自分なりにするものの、規模が大きくなればなるほど難しくな

る。そのなかで、お客さま一人ひとりが満足してくださるようなサービスを常に提供するには、自分が持っている情報を、目の前にいる後輩だけではなく組織全体のために発信し、それを全員が共有する必要があります。情報共有のツールを構築することが大変重要なのです。

第2章でも触れましたが、リッツ・カールトンでは、趣味や職業、好きな飲み物、まくらの固さ、好みの新聞の種類といったお客さまの情報をスタッフから集めており、これらをデータベース化してコンピュータで管理しています。

スタッフは、「これを全員が知っていたら、お客さまにとって良いだろうな」と判断した情報を「プリファレンス・パッド」に書き込み、どんどん提出します。お客さまの喜びを心から願うスタッフばかりだからこそ、この仕組みが成り立っていると言えます。そして、必要な時にそのデータをお互いに引っぱり出してチェックしながら、個々のお客さまにとって快適な滞在を演出するために活用するのです。

もちろん、各部署の責任者もチェックしますし、こうした情報はセクションを超えて共有されます。また、「○○さま（女性タレント）は、不在中は決して部屋に入らないでほしいとおっしゃっていた」という事例があれば、他の女性タレントがいらっしゃった時、うかがう前から、ターンダウン等を好まれないかもしれないことを予想しながらおもてなしすることもできます。

このようにリッツ・カールトンでは、個人の知識をホテル全体、時にはリッツ・カールトン全体のものとして活用するための仕組みが、しっかりとできているのです。

「個」に委ねられる情報活用法

こうした情報共有が迅速に行われることで、リッツ・カールトンではスタッフ一人ひとりが、初めて訪れたお客さまに名前で呼びかけたり、何も言われていないのに好きな飲み物を知っていたりするなど、「ミスティーク」――〝神秘〟と呼ばれるほど、個々のお客さまを意識し、口に出されない願望をも叶えるような接客をしています。

しかし、与えられる情報のとおりに対応していればお客さまが感動してくださるかというと、そうではありません。また、情報だけなら、現代はインターネットなどで簡単に手に入ります。お客さまを知る糸口が多いのはいいことですが、これは、知っているだけでは「ミスティーク」にはならないということを意味します。情報を得た後に、状況に応じて、「ではいま、このお客さまに何をして差し上げたらいいか」をそれぞれのスタッフが考えるという過程が、絶対に必要なのです。

例えば、ホテルに着いてすぐのウェルカムドリンクにいつもオレンジジュースを飲まれるお客さまがいらっしゃるとします。この情報はデータベースで共有されていて、どのスタッフが対応しても、言われなくてもオレンジジュースをお持ちしていました。しかしある日、チェックインされたその方が、少々お酒を飲み過ぎていることに気づいたら……。「いつもオレンジジュースを飲む」という情報を持っている自分は、どうするべきでしょうか——。

ザ・リッツ・カールトン大阪でその時対応したベルパーソンは、お客さまが何か言うまでもなく、「本日はミネラルウォーターもお持ちいたしましょうか？」とうかがい、オレンジジュースと冷えたミネラルウォーターの両方を持っていきました。さらに翌朝、お客さまのことを案じ、お客さまがチェックアウトされる時にお見送りができるように、ロビーに控えていたのです。

コンピュータの中の情報は、どうしたらお客さまにもっと快適に過ごしていただけるか、もっと喜んでいただけるかに注意を払った成果であり、組織の大切な道具です。しかし、それを利用する際は再度、「個」が力を発揮する必要があります。組織として、情報を集めるだけではなく、スタッフがそれをもとに、お酒を飲んだ後ならオレンジジュースより冷たい水が飲みたいのではないだろうか。自分ならそうしてほしいと思うけれど、お客さまはどうだろう？　翌朝は二日酔いで気分を悪くされていないだろうか？——と、お客さまの状況に応じていま自分に何ができるのかを考えたり、イメージしたりする力を育てる教育も必要なのです。

「成功体験」からみんなが学ぶ

共有された情報を活用し、自分なりのおもてなしを考える際の〝発想の引き出し〟を増やすためには、前述した仲間の「成功体験」を共有する「ワオ・ストーリー」がとても有効です。どのようなストーリーが紹介されるのか、ザ・リッツ・カールトン大阪の例をあげて見てみましょう。

日本料理店・花筐《はながたみ》で、2名の外国人のお客さまからのご予約で、お二人のお誕生日に「8」がつくことから、何か「8」にちなんだ料理が食べたい、というご要望がありました。

お客さまが到着し、鉄板焼きのカウンターに着いて間もなく、まず、8種類の前菜が少しずつ盛られた八角形のお皿が運ばれてきました。そしてこの後、カウンターは驚きと笑いに包まれます。シェフは、お客さまがいらっしゃる前に用意していた88枚のスライス・ガーリックを、目の前で焼いてみせたのです。自分たちが来る前にニンニクを88枚スライスし、それを数えたシェフを想像して、お客さまはスタッフと一緒に大笑い。その後、シェフは8種類の野菜を炒めながら、それぞれの野菜にまつわる縁起の良い伝統を説明しました。デザートは「はっさく」と「はちみつアイスクリーム」でした。もちろん、「はっさく」は8月1日のことを言い、「はちみつ」の「はち」は日本語だと「8」とまったく同じ発音なのですよ、という豆知識つきです。

このようなエピソードについて考えた時、お客さまが後日、大阪であった思い出話のひとつとして、面白おかしく「8にちなんだディナー」の話をするであろうことが、容易に想像できます。お客さまにとって楽しい時間をプロデュースすることの積み重ねが、ホテルの評価を高めることにもつながるのです。

リッツ・カールトンでは、全員の財産として共有されたこうした「成功体験」を、一人ひとりのスタッフが疑似体験し、自分なりに新たなストーリーを生み出す糧としています。絶えず、プラスの循環がなされている仕組みになっているのです。

「失敗」は共有すべき大切な情報──「誰」ではなく「なぜ」

「問題」は「好機」である

私がかつて、リッツ・カールトン本社に、英語で「いま、こういう問題があります」といった報告をした時の話です。「問題」を表わすために、私が「Problem」という単語を用いると、「『Problem（問題）』ではなく『Opportunity（好機）』と言ってください」と指摘されました。リッツ・カールトン本社の人々とのオフィシャルな会議でも、よく「Opportunity」という単語を使用します。これは前述したリッツ・カールトンの言葉に対するこだわりのひとつで、ものごとをネガティブではなくポジティブに捉えるという方針が、言葉づかいの面でも徹底されていることを示しています。

過去に、ザ・リッツ・カールトン大阪でこんなことがありました。夜中の2時、スタッフは、あるお客さまから「自動カーテンが動かない」という連絡を受けて、エンジニアとともにお部屋にうかがい、すぐにカーテンを修理しました。しかし、このお客さまはその時、すでにさまざまなことで、リッツ・カールトンのおもてなしに失望していたのです。フロントでミスがあり、お詫びの品をお届けしたものの、タイミングが合わなかったためにかえって不快感を与える結果となってしまっていました。リッツ・カールトンでもそうした行き違いが起こることがあります。カーテンを直した後も、お客さまはご立腹の様子でした。それを察したスタッフは、朝4時半まで2時間半、お客さまが落ち着かれるまでお話をうかがい、共感し、丁寧に謝罪しました。それだけではなく、自分の勤務終了時間を優に超えて、翌日お客さまがお発ちになるまで自らおもてなししたのです。数日後、総支配人はそのお客さまから、「あのスタッフはあなたのホテルの財産です。またリッツ・カールトンを利用したいと思います」というお手紙をいただきました。まさしく、「問題」が「好機」となり、「また来ます」と言ってくださるお客さまがひとり増えたのです。

失敗は少ないほうがいいのは確かです。しかし、お客さまに見直していただける「好機」となる場合もある。「Opportunity」にこだわる背景には、そういう思いがこめられています。

ファースト・ステップは問題把握

組織として「問題」を「好機」とするには、問題点の早期発見、失敗等への迅速な対応、そしてこれらをできる限り早く報告し、みんなで共有することが不可欠です。

リッツ・カールトンには、そのためのさまざまな仕組みがあります。前述した「GIA」と呼ばれる報告書もそのひとつで、マイナス情報の共有を徹底することによって、名誉挽回する機会へと結びつけることに成功しています。また、リッツ・カールトンでは、「Mistake（過ち）」、「Rework（やり直し）」、「Breakdown（故障）」、「Inefficiency（非効率）」、「Variation（ばらつき）」の頭文字をとって、問題点を「MR.BIV」と呼んでいます。これらが報告されると、「Opportunity」としてデータベースに入力され、翌朝の「ラインナップ」で必ず全員に報告されます。

問題をいち早く共有・報告するこれらの仕組みは、すでに述べたような管轄を超えたお互いのフォローアップを促し、「ミスティーク」の軸となっています。相互のフォローアップはもちろんホテルのためでもありますが、それ以上に、謝罪されたとはいえ、ホテルのミスで一度は不愉快な思いをしたお客さまに、気持ちを新たにして、心から楽しんでリッツ・カールトンでの時間を過ごしていただきたい、という思いがあることが、いちばんの理由でしょう。

「なぜ」の徹底分析

リッツ・カールトンにおける仕事の原点は、常にお客さまの喜びを模索することです。だからこそ、その志を持ち、人に喜んでもらいたいという気持ちで仕事をしているスタッフが、どうしたらお客さまに喜んでいただけるのかが精査され続けています。反対に、スタッフがお客さまの笑顔を期待して行ったことでお叱りを受けてしまったのはなぜなのか、喜んでもらえることをしようとしたのに実行できなかったのはなぜなのか――これについて話し合い、分析することも必要です。

口頭でも書面でも、部下から失敗の報告を受けた際に重要なのは、「誰が」ではなく、「なぜ」失敗したのかに目を向けることです。失敗した人自身に落ち度があったのではなく、たまたまその人がそれをやっただけだという可能性もあるからです。

例えば、「19時にコーヒーを持って来てほしいとお願いしたのに、ルームサービスが5分遅れて来た」というクレームがあったとします。担当したスタッフは報告書を作成することになり、それを見た上司から、「田中君、何をやってるんだ！」と怒られます。しかし、ここで失敗した本人によく事情を聞いてみると、普通であれば間違いなく5分前に客室に着くように出発していました。ではなぜ遅れたのかと言えば、スタッフ用のエレベーターがなかなか来なかったと言います。さらにエレベーターが遅れた原因を調べると、他の部署がリネンを回収するために急遽エレベーターを占領してしまっていた、そしてその情報が関係部署に伝えられていなかった、という事実が出てきたりすることがあるのです。個人の不注意が原因で失敗する場合もないとは言えませんが、乱暴に報告書を読んで、「また田中君か……」と言っていたのでは、まず問題点は見えてきません。「どうすれば再発を防げるのか」を話し合い、問題点を洗い出して、解決方法を探ります。

内容によっては会社単位で運営のシステムを変えなければならない可能性もある。そういうところまで視野を広げるためにも、「誰」でなく「なぜ」を徹底する必要があるのです。

失敗を報告したくなる環境とは

スタッフは、自分で自分の失敗を報告しなければならないこともあります。その時、偏った考え方をすれば、「私がやりました」と言って怒られるのなら、報告しなければいいということになってしまいます。スタッフが自分の失敗を隠し、問題の原因が組織にあった場合はそのまま放置される——そういう悪循環に陥る可能性もあるでしょう。これでは、問題点や失敗を共有する仕組みも無意味になります。

したがって、「誰がやったんだ?」などと聞かないのは、報告を受ける側にとって大切な心構えのひとつです。クレーム等の報告、失敗による報告書の作成などにおいても、私は、それを特定の人のせいにするような書き方はしてはいけない、と徹底させてきました。問題を表に出すためにも、スタッフの口を封じるようなことをせず、風通しのよい組織づくりを行うことが重要になります。

リッツ・カールトンでは、結果として失敗しても、「お客さまに〝して差し上げたい〟と思った気持ちは間違っていないよ」と、まずはスタッフの思いを評価します。人間は完璧ではないからです。一方で、失敗をしないような環境はないのかを模索し、「では、どうすれば良かったのか」「じゃあ、こういうやり方はどうだろう」と、みんなで話し合います。毎日の「ラインナップ」も、その日の「ベーシック」に基づいて、うまくいった例、失敗した例を出し合いながらディスカッションするいい機会となっています。こうした体制ができている組織にとっては、個人の失敗も、会社や組織全体の質の向上へ向けたプロセスとして許容できるものだということが分かるでしょう。

何のために失敗を報告するのか——。繰り返しになりますが、人に喜んでもらいたいという気持ちで仕事をしている人たちが、どうしたら実際にお客さまに喜んでもらえるのかを精査するためです。その思いが共有されていて、スタッフが人に喜んでもらうのが大好きな人ばかりなら、誰も自分の失敗を隠したりしません。そして、問題点がきちんと共有され、精査されると、個人の失敗が、組織のサービスの改善に活きてきます。

会社がいちばん大切にしていることは何なのかを、日頃からスタッフ全員が共有するための取り組みを行っていることにより、スタッフの失敗も、会社とチームの成長の役に立つのです。

スタッフの〝参加〟を促す組織づくり

提案制度を活性化させるには

リッツ・カールトンは、スタッフからの意見をいつでも大歓迎しています。例えば、レストランにおける売上げの減少など、経営にかかわるようなことでも、打開策についての意見を部下に求めることがあります。現場の状況をいちばんよく分かっているのは現場の人ですし、多くの素晴らしいアイデアが若い人からも出ているからです。

このように意見交換の場を定期的に設けることは重要です。しかし、「これからはみんなで意見を出し合いましょう」と言うだけでは、いつの間にか意見が出なくなってしまう可能性が高いでしょう。さまざまな提案が恒常的に社内を巡るようにするためにも、立場を問わず意見を言える提案制度を活性化させ、かつ継続させるための仕組みが、リッツ・カールトンではしっかりとつくられています。

スタッフが、「言っても何も変わらないからいいや」と思ってしまったら、提案前にアイデアの芽を摘むことになってしまいます。そのため、部下から提案を受けると、上司は必ず48時間以内にリアクションする一方で、第2章で述べたように、一覧表によってスタッフ全員に、提案があったことを知らせます。成果が出ればもちろん何らかの方法で評価しますし、経費削減や売上げ増進などが成功した場合、項目によっては、利益の数%を提案者に還元するということもあります。

成果が出なくても、「言わなきゃ良かった」などと思う必要はありません。費用を使ったにもかかわらず売上げ増につながらないことはあります。しかしそれは、提案した人だけの責任ではありません。なぜこの案が成立しなかったのか、どうしてこの企画が成果の出ないまま終わってしまったのかを問いかけ、問題点を見つけるのが会社や組織の仕事です。実行に移して失敗に終わった提案でも、成功したものと同じように、次につながるように検証すれば、新しい企画に役立ちます。組織にとって無価値に終わる提案はありません。それを明らかにすることで、スタッフも、ともに組織の成長を目指す意識が持てるようになります。

セクト主義を排除するモチベーション向上策

一般的に、サービス業の多くでは、生産性を高めるために、セクションを超えてひとりが2役、3役をこなすことが求められます。それぞれの現場ではやはり人の手を借りなければならない場面がありますし、自分の持ち場だけやればいい、という人がいると、組織はうまく機能しません。しかし、自分の仕事を抱えながら、わざわざ違う部署の人に手を貸しに来る人は、実はなかなかいないものです。

リッツ・カールトンでは、スタッフがよく他部署の応援に行き、それを「ラテラル・サービス」と呼んで意識を高めています。さらに、仲間に手伝ってもらった時などに感謝の気持ちとして相手に渡す、「ファーストクラス・カード」という制度もあります。ファーストクラス・カードを仲間に贈る人は、感謝の気持ちを記入したカードを、まずは人事部に渡します。受け取った人事部はコピーをとって翌朝の「ラインナップ」で全員に配るとともに、カード自体を本人に渡す、という仕組みです。

コストをかけずにスタッフが喜んでフォローし合うように導くファーストクラス・カードの存在は、私にはとても〝パンチ力〟があるものに映りました。目に見える形で感謝されるのが嬉しくて、みんな、また手伝うよと張り切ってくれるのです。「誰も手伝ってくれない……」とこぼしていた時代もあったのに、カード1枚によってこれだけ効果があるのだ

FIRST CLASS!
インルームダイニングの皆さま
本日は、野口様のお祝いに
心からのもてなしを
ありがとうございました。
PR竹内
THE RITZ-CARLTON

と驚いたものです。

　重要なのは、総支配人を含め、全員がそのコピーを目にすることで、見えないところで仲間を助けてくれているスタッフの功績を見逃さず、きちんと評価できるようになっていることです。仲間の「ファーストクラス」なふるまいを知ることのできるスタッフは、それを参考にするとともに、モチベーションを高めることができます。そして、カードを受け取るスタッフは、自らの存在価値が仲間からも組織からもはっきりと認められることで、ほかのどこでもない、〝ここ〟で働く「誇り」を味わうことができるのです。すでに述べたように、このファーストクラス・カードの枚数は、表彰等の選考や人事評価の際にも活用されるわけですから、二重、三重の役割を果たす、「マトリックス」に組み込まれた仕組みだと言えるのです。

　管理職にある誰もが、「社員に誇りを持たせましょう」と、とりあえずは言います。しかし、具体的にどのような場面で、どのような言葉にスタッフが誇りを持てるのか、しっかりと精査されているでしょうか。仕組みというものは、社内できちんと調査した結果をもとに創り上げていかなければ、効果など期待できません。それだけ手間がかかりますが、そのぶん、得るものはずっと大きくなるのです。リッツ・カールトンの場合、スタッフが「誇り」を持って働くことのできる現場づくりこそが、ホスピタリティ溢れるおもてなしを産出する源泉となっているのです。

第4章

ザ・リッツ・カールトン大阪にみる「ホスピタリティの土台」

西梅田再開発プロジェクトから学んだこと

業務提携にかけた7年間

阪神電鉄による西梅田再開発プロジェクトの一環として、1997年に開業したザ・リッツ・カールトン大阪は、同プロジェクトで誘致すべきホテルの候補として、リッツ・カールトン本社とのコンタクトを始めてから、実に7年間の歳月をかけて誕生しました。第1章でも触れたように、それ以前にも、外資系のホテルと日本の企業が提携する例がいくつかありましたが、国も文化も異なる知らない者同士が手を結ぶわけですから、最終的に、騙した・騙されたというような状態になり、契約期間終了とともに縁を切る、あるいは違約金を払って別れるようなケースが多くありました。

西梅田再開発プロジェクトでホテルの立ち上げを担当することになった私は、これからできるホテルの行く末を、そういうかたちにだけはしたくなかった。リッツ・カールトンとの交渉を開始した頃は、阪神電鉄はリッツの「リ」の字も知らない。リッツ・カールトンも日本にホテルをつくったことがなく、大阪のことも阪神電鉄のことも知らない。当時、リッツ・カールトンに阪神電鉄のことを「プライベート・レールウエイ・カンパニー」だと説明しても、彼らにとっては何の説得力も持たなかったようでした。一方で、ドメスティックな会社であった阪神電鉄は、外資系ホテルとの提携で他社が失敗していたこともあり、慎重に取り組んでいました。そうした状況にあって、分からない・知らないままでは、せっかく手を組んだとしても喧嘩別れになる可能性があります。まずはお互いを理解するための環境を創り上げ、信頼関係を構築することが、ホテル業界にいた者としての私の役割だと思いました。

その後、お互いを知り合うなかで、少しずつ信頼関係を深めていきました。例えば、リッツ・カールトンに、阪神電鉄が日本で1、2の人気を誇る「プロフェッショナル・ベースボール・チーム」のオーナーであることを伝えると、思いがけずいい反応が返ってきて、ホテルのオーナー企業としての阪神電鉄の評価が、確かに上がりました。また、リッツ・カールトンとの打ち合わせに参加していた私をはじめ、阪神電鉄、竹中工務店のメンバーは、リッツ・カールトンを知れば知るほど、「このインターナショナルの最先端を行くホテルが、実はすごく日本的な文化を持っているのではないか」と思うようになったのです。社員を大事にする、相手が口に出さない願望を察するおもてなしを大切にする――現在の日本人以上に日本人的な哲学があることが分かってきました。そうしたことを逐一、阪神電鉄の重役の方々に報告するとともに、リッツ・カールトン関係者が来日した際は一緒に食事をする席を設け、理解を深めていってもらいました。リッツ・カールトンのみに運営会社を絞って話を進める契約を交わすまで、少なくとも1年以上、1カ月ごとに日本とアメリカを訪問し合うとともに、相互理解に向けた機会を丁寧に、丁寧に積み重ねたのです。

人間関係がすべての基本

相互訪問を繰り返し、仮契約を結んだ後、コスト面の厳しいやり取りもしながら、さらに半年かけて、最終的に覚書の段階までいきました。そのなかで、いずれは議論しなくてはいけなくなるような問題は手間がかかってもできるだけ洗い出しましたし、国際弁護士の力を借りて、シビアな判断もしました。

しかし、実際に仕事が始まると、契約書には謳われていないいろいろな問題が生じます。契約書には微に入り細にわたり書いてあるわけではない。何でも契約書を読んで解決させるわけにはいかない。つまり、ものごとは、最後は相互の人間関係や信頼関係によって決まるのです。

「契約書にはありませんが、こちらの立場に立てばこうですし、そちらの立場に立てばそうですから、間をとってやってみましょう」「では、今回はこういうかたちで1回やってみましょうか」と、両者が話し合って問題を解決することが、Ｗｉｎ—Ｗｉｎの関係の源だと言えます。

例えば、これから詳しく述べていくハードに関して、リッツ・カールトンは強いこだわりを持っていたため、譲らない部分は譲りませんでしたが、だからといって、何もかも自分たちの方針を押し付けるわけではありませんでした。当時、リッツ・カールトンのこだわりを実現させていくなかで、建設コストがどんどんかさみました。いいものをつくるためには仕方がない部分もありましたが、財布を握っている阪神電鉄には看過できない状況ですから、私からリッツ・カールトンの開発担当者に、「コストを削ることはできませんか」と言ってみました。すると、「オーナーにしてみれば、そうですよね」と言って、早速コストダウンの提案をしてくれたのです。宴会場や客室の配置に工夫できないかと、一緒に悩んでくれる。それまでの私の経験では、こういうことをきっかけにオーナー会社と運営会社が対立し、決裂に至るケースこそあれ、運営会社がこのように親身になってくれるなどあり得ないことだったので、とても感動しました。

相互理解に時間をかけ、信頼関係が成り立っていたからこそ、お互いの要望に対して、「無理ばかり言われる」というような否定的な思いを抱くことはなく、全員が同じ船に乗っているという気持ちで協力し合うことができたのです。現在でも、阪神電鉄とリッツ・カールトンの双方の役員には、この頃築き上げた信頼関係が間違いなく残っています。

この信頼関係を軸に、時間、労力、コスト、そして心を惜しまず注入して創り上げられたのが、ザ・リッツ・カールトン大阪です。阪神電鉄、そしてリッツ・カールトンが、竹中工務店の協力のもと、「共に歩む」姿勢でこのホテルの開業に臨んだことで、ハードに対するこだわりやきめ細かな仕組みなどを、細部にわたって、丁寧に取り入れていくことができました。その結果、ザ・リッツ・カールトン大阪には、稀に見る強固な「ホスピタリティの土台」が構築されました。このホテルが10年以上経ったいまでも変わらずに高い評価を得続けているのは、この土台の存在によるものが大きいでしょう。

以下では、ザ・リッツ・カールトン大阪を創り上げていくに当たって私たちが力を注いだ、ホスピタリティが生み出される〝土台〟づくりのプロセスと、その土台を構築する要素に焦点を当てていくことにします。

単なる〝ハコ〟であってはならない

ハードのコンセプトをまず立てよ――「憧れの我が家」

流行に左右されない建物を

リッツ・カールトンについて語る時、常にクレドをはじめとする「ソフト」面が取り上げられます。しかし、リッツ・カールトンの哲学・理念を実践し、お客さまに喜んでいただくうえで、ソフトと同じようにホテルという帯に美しい縦糸・横糸として織り込まれているのが、建物、そしてインテリアといった、一般には「ハード」と言われている部分です。ハードとソフトが一体になって初めて、真のリッツ・カールトンの素晴らしさがお客さまに伝わるのだと、私は信じています。

ザ・リッツ・カールトン大阪のハード・コンセプトは、「18世紀英国風の憧れの我が家」です。「憧れ」でありつつも、「我が家に帰ったような気持ち」でくつろいでもらう場所としての要素が凝縮された建物だと言えます。西梅田再開発プロジェクトが始まった当時は、ホテルの哲学・理念を表現し、それをお客さまにお伝えする舞台として、世界中のリッツ・カールトンホテルの多くが、このコンセプトのもとにつくられていました。

建物を建てる際、その時々の最新のデザインを導入しても、流行の移り変わりが著しい現代においてはすぐに時代遅れになってしまいます。流行ばかりを追い求めていては、その変化に合わせて延々とインテリアやデザインをリニューアルしていくしかありません。そこで重要になるのが、流行を超越する「コンセプト」です。ハードの価値を決定するのは、デザインが最新かどうかではなく、つくられるすべてが、ソフトと同様、コンセプトに基づいた「本物であること」だと言えるのです。

ザ・リッツ・カールトン大阪建設の際に考えられたのは、〝本物の18世紀英国風のリッツ・カールトン〟をつくることでした。私は幸いにして、パートナーとなるホテルを選ぶ段階から西梅田再開発プロジェクトに参加し、建設計画にもスタート時からかかわったため、ハードに対するリッツ・カールトンの哲学を学ぶ機会に恵まれました。本物の「18世紀英国風の憧れの我が家」をとことん追求したザ・リッツ・カールトン大阪の建設における工ピソードをとおして、ハード面における〝土台〟づくりに重要な要素とは何かを紹介していきましょう。

〝らしさ〟の追求

ホテルの建設に当たって、コンセプトに対するリッツ・カールトンのこだわりようは、本当に徹底していました。

玄関のドアは、自動ドアではいけません。広いロビーも不可です。通常のホテル内には、エスカレーター、エレベーター、公衆電話、自動販売機、スピーカー、空調、点検口、館内の案内サインなどがありますが、リッツ・カールトンでは、お客さまの目につくところにこれらを設置することは原則として許されません。

なぜか――。「リッツらしくない」からです。このホテルのハード・コンセプトは、「18世紀英国風の憧れの我が家」です。「我が家」に自動ドアがあるのか。エスカレーターがあるのか。公衆電話があるのか。案内サインがあるのか。そもそも我が家ではそうしたものはない。あったら美しくないだろう――こうした考えが基本になっています。

反対に、なくてはいけないものもあります。例えば暖炉です。ザ・リッツ・カールトン大阪への暖炉の設置が計画された際、私たちは戸惑いました。本物の火を使用する暖炉をつくるとなれば、超高層の大きな建物に煙突を設けなければならず、コストがかさみます。しかし、リッツ・カールトンは、「すべて本物でなければいけない」という考えから、フェイクの暖炉を設置するつもりはもちろんありませんでした。私が暖炉設置に当たって、「暖炉に火をおこせる人もいませんし……」「火事になっても困ります」といった問題点を伝えても、「教えるから大丈夫です」という答えが返ってきました。結局はリッツ・カールトンのこだわりを尊重し、ロビーに暖炉を設置することにしたのです。

ザ・リッツ・カールトン大阪が開業し、私が副総支配人だった頃のある日、館内を回っていた際、ロビーの暖炉に火をおこしているベルパーソンの様子を、興味深そうに見ているお客さまの姿が目にとまりました。そして、横のソファでは、お父さんらしき方が一所懸命、お子さんに火のおこし方を説明しています。そこにベルパーソンも加わって、暖炉を囲み、本当に楽しそうに話しているのです。それはまさしく、「憧れの我が家」における団欒の一場面でした。ザ・リッツ・カールトン大阪がお客さまに過ごしていただきたい「我が家」でのひとときを生み出すロビーの暖炉は、ザ・リッツ・カールトン大阪にとって、なくてはならないものだったのです。初めは心配しましたが、本物の暖炉を設置して良かった、設置すべきだったのだ、と心から思った瞬間でした。

ハードをつくる時に何よりも大切なのは、最初の切り口として、哲学、コンセプトをしっかりと固めることです。明確なコンセプトがあれば、迷うことなく、「絶対にこうでなければならない」というこだわりが自然に生まれます。

ハードはコンセプトを目に見えるものとして表現する、大変重要なものです。コンセプトがいいかげんでは、ハードも曖昧なものになってしまいます。

ハードは心を映す鏡

ハードに対するこだわりは、おもてなしにおけるこだわりにもつながっています。

例えば私は、リッツ・カールトンから「案内サインをつけないでください」と言われた時、「しかし、お客さまが不便ではないですか」と訊きました。案内サインはそれまで、お客さまが分かりやすいようにと思ってつけてきたもので、つけることにももちろん意味があったからです。しかし、「迷っている人がいたら声をかけてご案内すればいい。それがリッツ・カールトンです」と言われました。なるほど、一人ひとりのお客さまをきちんと観察し、必要とあらば自ら声をかける。お客さまのことを知るために、フェイス・トゥ・フェイスで接する機会をたくさんつくる——そうしたおもてなしの精神が、ハードの計画にも反映されているのだと納得しました。

また、ザ・リッツ・カールトン大阪を建設していた頃は、スカイラウンジをつくらないのがリッツ・カールトンの方針でした。スカイラウンジを設置する経営的なメリットは大きいのですが、オーナー側がいくら提案しても、リッツ・カールトンは頑として頷きませんでした。スカイラウンジがあれば、エレベーターにおいて、スカイラウンジに行く動線のお客さまと客室に行く動線のお客さまとが一緒になり、宿泊客のプライバシーが侵害されてしまう。それでは、「我が家に帰ったような気持ち」にはなれない。たとえ大きな利益が出るとしても、そのような状況を招くものはつくらない。もう1本エレベーターをつくることができれば解決するが、そこまでの予算はない。それならば、お客さまが「我が家に帰ったような気持ち」になれることを優先する、というのがリッツ・カールトンの考えでした。おもてなしの精神に妥協しない姿勢は、そのまま、ハードに対する強いこだわりの理由となっているのです。

コンセプトとハードは表裏一体であり、企業や組織の心につながっています。だからこそ、小さなこだわりも含めて、コンセプトに則って計画されたハードの要素は、すべて妥協できないものなのです。

リッツ・カールトンを日本につくる

「折り合いをつける」ことが大事

リッツ・カールトンを大阪につくることとなって、私はまず、リッツ・カールトンの人々に日本のホテルビジネス事情を説明しました。同じ業界でも、アメリカと日本のホテルでは収入構造がまったく異なります。例えば、アメリカのホテルでは宿泊部門の収入が全体の7割から8割を占めるのに対し、日本のホテルでは3分の1程度で、レストラン部門と宴会部門が残りの3分の2を占めています。

　収入構造が異なるということは、施設計画にも影響を与えることを意味します。具体的に言えば、リッツ・カールトンは、「エスカレーターは場所を問わず設置してはいけない」という方針ですが、日本ではどうしてもエスカレーターが必要です。大勢のお客さまがいらっしゃる宴会に、エレベーターだけではとても対応できません。婚礼を合わせれば、収入の実に4割5分から5割が宴会の売上げです。それを説明して、「ただし、なるべく目につかないところにつくる」という条件つきでやっと許可を得ました。また、案内サインにしても、宴会時は一時にたくさんのお客さまが移動されるので、1対1でご案内できない以上は必要だ、ということになり、最低限必要なものはつけることとなりました。

　コンセプトを追求する一方で、それだけに固執せず、その土地の文化や環境に合わせて採算性を考えながら折り合いをつけていかなければ、

利益は期待できません。リッツ・カールトンのコンセプトに対するこだわりを把握しながら、彼らが初めてホテルをつくる日本のホテルビジネスについても理解してもらうのが私の役目でした。当時のマーケットをもとに、宴会場の大きさや、館内施設の配置といった具体的なことを私が指摘し、一つひとつリッツ・カールトンと相談して丁寧に出した結論を平面図に落とし込んでいきました。

魅せられた本物を目指して

平面図への落とし込み作業が終わってインテリアの話になると、今度はリッツ・カールトン側の主張が強くなります。実際の工事運営は大手ゼネコンの(株)竹中工務店に委ねられましたが、デザインに関しては、リッツ・カールトン本社のデザイナーズチームに、指示を仰いでいくことにしました。

阪神電鉄も竹中工務店も私も、この頃にはすでにアメリカでいくつかのリッツ・カールトンホテルを視察し、コンセプトに則ってしっかりとつくられたホテルに感銘を受けていました。しかし同時に、同じリッツ・カールトンというブランドであっても、ホテルによってハードのレベルには差が生じていることを感じたのも事実だったのです。アメリカと日本を往き来するなかで、リッツ・カールトンの考え方を理解した阪神電鉄も、竹中工務店も、そして私も、この頃には、「本物でなければいけない」という思いを共有するようになっていました。大阪にリッツ・カールトンをつくる限りは、本物をつくりたい。竹中工務店とも、「中途半端はやめよう。完璧なリッツ・カールトンにしよう」と話し合いました。

近年のリッツ・カールトンは、「18世紀英国風」だけではなく、「コンテンポラリー（現代的）」の要素を取り入れており、古き上質を求めるお客さまと、新しき上質を求めるお客さまの双方のニーズに応えられるようにする動きがみられます。大阪と東京のリッツ・カールトンを比べれば、コンセプトの違いは明白です。コンサバティブにせよ、コンテンポラリーにせよ、落としてはいけない要素は「本物」であることなのです。

例えば、数寄屋造りの茶室を米国人に建ててもらおうとした場合、「これはいい茶室だ」と日本人を唸らせるほどのものをつくれるかというと、どんなに優秀でもやはり難しい。それと同様に、「18世紀英国風」に関して、竹中工務店は、「本物をつくるためにしっかりとリッツ・カールトンの指導を仰ぎたい」と言ってくださいました。こうした姿勢があったからこそ、あそこまで本格的な建物に仕上がったのではないかと思います。人、ノウハウ、デザイン——さまざまな面において、リッツ・カールトンの理解と協力を得て建設が進行していきました。

「できない」の前に工夫を

竹中工務店は、初めの頃こそリッツ・カールトンの「我が家」や「美しさ」へのこだわりに頭を抱えていましたが、その思いを知っていくなかで、リッツ・カールトンの要望を叶えるために大変な努力をしました。

例えば、壁紙の中に布団が入っているようにやわらかな立体感を持つ壁が、ザ・リッツ・カールトン大阪の随所にあります。これをつくる工法である〝布団張り〟は、当時の日本の消防法では禁止されていたのですが、空間全体にエレガントさ、温かさをかもし出すとともに、防音効果があるとも言われ、リッツ・カールトンは、「どうしても〝布団張り〟じゃないといけない」と主張しました。ほかにも、「工場でつくるユニットバスは、天井に継ぎ目の線が見えたり、歩いた時に音がしたりするから、通常の工法を用いて現場でつくってほしい」というような要望もありました。

予算には限度があるため、言われたことをすべて実行に移すことはできません。しかし、竹中工務店は、このプロジェクトのためだけに、布団張りに関しては消防署やメーカーと掛け合って消防法にとおるような素材を探し、バスルームをつくったＴＯＴＯの技術者とは、ユニットバスに見えないようなユニットバスを開発するなど、苦労しながら工夫して対応してくださいました。

また、〝本物の18世紀英国風のリッツ・カールトン〟として使用すべき素材の中には、日本ではつくることができないものもありました。木目が印刷された壁紙素材や、クラウンモールと呼ばれる天井と壁の間に施される装飾がそれに当たり、アメリカでつくりました。ザ・リッツ・カールトン大阪の家具の大半は、アメリカの高級家具メーカーであるベーカーのものです。同社はホワイトハウスで使用されている家具の多くを手がけているメーカーですから、徹底的に本物を選りすぐっていることが分かります。

いままでは「日本ではできません」と言えば済んでいたことも、リッツ・カールトンをつくる限り、そうはいきませんでした。しかし、一つひとつ課題をクリアした結果、竹中工務店や各種メーカーも、新しいノウハウを蓄積できたのではないでしょうか。そして、こうして生まれたザ・リッツ・カールトン大阪は、美術館や博物館のようになりました。ロビーや宴会場等にある〝布団張り〟にしても、見る人が見れば、「すごいなぁ、ここは」という出来栄えです。平米単価は高いですが、だからこそ高い宿泊費もいただいていますし、その違いが分かる

お客さまから評価していただいているのです。

「腕が鳴る」建物づくり

ホテルをつくる際、よく、「地域性をいかに出すか」が検討されます。外国人のお客さまがせっかく日本にいらっしゃったにもかかわらず、ホテルに着いて、「ここは一体、どこなんだ？　どこが日本なんだ？」と感じてしまうことが多くあります。私たちが外国のホテルに行った際も、同じように思うことがあるでしょう。日本にある以上、インテリアに襖や障子を活用するなど、地域性を出すべきではないか、という意見もあります。ただ、「和」にこだわるのであれば、日本には旅館があります。むやみに和を出そうとしても、コンセプトはおろか、和なのか洋なのかもはっきりとせず、旅館ともホテルともつかない、中途半端な建物になってしまう可能性もあります。

ザ・リッツ・カールトン大阪では、〝18世紀英国風〟がイメージされたホテルの中で、できるところには「土地の文化」を取り入れようという話がありました。検討の結果、和室の客室と数寄屋造りの和食レストランに「日本らしさ」が、そして「鉄板焼き」に「大阪らしさ」がそれぞれこめられました。

リッツ・カールトンらしさにこだわりながらも、地域性を出す際は、「和の本物」を取り入れることでリッツ・カールトンと合意しました。数寄屋造りのレストランをつくったのは、宮大工の方々です。この建設に関して、リッツ・カールトンはすべて竹中工務店に任せ、それまでとは打って変わって、デザインに対してもひと言も口を出さず、「それが和の本物であれば、それでいい」という姿勢でした。結果として、「18世紀英国風」の中に、文句なしの本物の「和空間」が生まれたのです。

一方で、例えば庭をつくる際は、それまでのようにゼネコンに頼むのではなく、いつもリッツ・カールトンのランドスケープを手がけているという会社をいくつか紹介してもらい、その中から私たちが選んだ〝リッツ・カールトンのランドスケープのプロ〟にお願いしました。竹中工務店が勉強して行うという次元ではなく、プロを竹中工務店が使う。そして、リッツ・カールトンの要望を分かっている方々との仕事をとおして、竹中工務店もリッツ・カールトン流を学んでいきました。

リッツ・カールトンはこのように、自分たちの専門外のことに関しては、コンセプト、客層、単価、そして思いを伝えたうえで、各分野のプロたちに任せる方針を徹底しています。相手の能力を信頼し、日本のものは日本人に、欧米のものは欧米人に任せて力を発揮してもらう。これは、スタッフに対するスタンスと同じです。ともに仕事をするなかで真剣に本物をつくろうとしていることが分かるし、本物に出会えそうだとわくわくしてくる。一緒に仕事をしていると、自分の腕が鳴り、楽しい。そこには、プロが楽しんで、次のステージへ上がっていけるような環境があります。本物は本場のプロとつくってみて初めて分かる。お互いにそういうことを感じながら、学んだ期間でした。

メンテナンスコストを考慮したハードの運営

美しさは新しさにあらず

ここまで述べてきたように、「ホスピタリティ」を極めるうえで、ソフトもさることながらハードもきわめて重要となるわけですが、そのハードの命運をさらに分けるのは、きめの細かいメンテナンスがなされているかどうかにあります。

お客さまを受け入れる場所に、寂しさやわびしさを感じさせるような薄汚れたものがあることは許されません。ハードは最も大切な商品のひとつであり、いくらゴージャスな家具が取り揃えられていても、埃をかぶっていたり、ニスがはげていたりすれば、それを用意するためにかかった時間もコストも無意味になります。有名な旅館を訪ねても、その玄関が汚ければ、部屋も出てくる料理の質も心配です。

ものは必ず古くなりますが、私は、古いことは必ずしも悪いことではないと思います。京都の老舗旅館などのように、メンテナンスによって美しく保たれているところは、むしろ評価されています。古くても玄関が清潔で、お迎えの水が打たれていれば、これから始まる滞在がよりいっそう楽しみになるでしょう。新しいということよりも、メンテナンスが行き届き、すべてがきれいで清潔であることのほうが、ずっと価値があるのです。「18世紀英国風」をコンセプトにつくられたザ・リッツ・カールトン大阪は、メンテナンスがきちんとなされている限り、古くなっても美しさを保つことができるホテルです。新築の時点ですでに、コンセプトである「18世紀」という古い美しさが追求されているのですから。また、本物の質を有する家具や調度品は、メンテナンス次第で甦ります。建物も調度品も、つくる段階でかけた手間とコストは、メンテナンスをきっちりと行うことで、トータルではかえって「安くつく」ことになるのです。

クオリティ維持が大前提

私自身、メンテナンスについて、大変多くのことをリッツ・カールトンで学びました。ホテル開業後は、メンテナンスにかかるコストの削減を考えがちですが、それを追求することで失ってきたものもたくさんあったのだと思い知らされました。メンテナンスはプラスアルファの仕事のように思われるかもしれません。しかし、ホテルにとって大切な商品であるハードを美しく維持・管理するという視点からも、資金がないからできないという言い訳が通用しない、必須の仕事です。「ロスプリベンション・サーベイ（Loss Prevention Survey）」という言葉が示すように、一見、余計にお金をかけているように思われがちでも、「予防」することによって、建物や設備の寿命が延び、最終的にかかるコストが抑えられるのです。

実際にザ・リッツ・カールトン大阪で行われている、ハードのメンテナンスの例を紹介していきましょう。例えば客室の場合、問題が起こりやすい32のチェック項目があげられており、これに基づいて、毎日、アトランダムに選ばれた5つの部屋をチェックしています。つまり、最低でも2、3カ月に1回のペースで、全客室のハードを徹底的に確認し、新品または新品同様にします。これは「ケア・プログラム」と呼ばれ、3名のプロがチームをつくって担当しています。そして、問題点があった項目は数値化され、毎日の「ラインナップ」で全員に発表されるので、より注意すべき点を全員が意識できるのです。この仕組みは、「SQI（サービス・クオリティ・インジケータ）」（表7参照）と呼ばれています。

当然のことですが、何か不都合が出たり、お客さまからのご指摘を受けたりしてから初めて対応するのでは遅いのです。きちんとチームをつくり、「予防」のメンテナンスに取り組みます。チェックの際、リッツ・カールトンの着眼点は、新しいかどうかではありません。お客さまにとって、きちんと清潔であるかどうか――それを軸にメンテナンスしていきます。

こうしたプログラムがあったとしても、美しい空間を保つには、さらにホテルのスタッフ一人ひとりが常に気を配る必要があります。専門的なメンテナンスはエンジニアが担当

ＳＱＩ

Room:

Room			17.	時計は正確か？アラームはオフ？	
			18.	絨毯・椅子・ソファー・リネンのしみ	
1.	ガラス・鏡の汚れ		19.	ソファー・ベッドの下の忘れ物・ゴミ	
2.	入れ忘れアイテム・アメニティ		20.	クリーナー掛け	
3.	要交換アイテム・アメニティ		Bath		
4.	部屋の臭い				
5.	ティーテーブルの汚れ		21.	ガラス・鏡の汚れ	
6.	備品の不備		22.	入れ忘れアイテム・アメニティ	
7.	ランプ・デスク・棚などの埃		23.	便器・便座の汚れ	
8.	湯のみ・急須・グラス・カップの汚れ		24.	バスタブのざらつき	
9.	ポットの湯量・スイッチのロック		25.	床・バス・ベーシンの髪の毛・ゴミ	
10.	冷蔵庫の中・下の汚れや水		26.	クロームメッキ部分の汚れ	
11.	オナーバーの引出しの汚れ		27.	ベーシンの大理石	
12.	受話器の汚れ		28.	石鹸置き場の汚れ	
13.	ファックス・電話機のコード		29.	ブルータンブラーの汚れ	
14.	灰皿の汚れ・マッチのすり跡		30.	ビデタオルの汚れ	
15.	特別手配・VIP 手配もれ		31.	シャワーカーテンの臭い・汚れ	
16.	椅子・ソファー・絨毯の上の髪の毛・ゴミ		32.	その他	

Inspected by

●表７「ＳＱＩ」

すべきですが、すべてがプロでなければできないわけではありません。「ベーシック」には、「妥協のない清潔さを保つのは、従業員一人一人の役目です」という項目があります。例えば、トイレや廊下の一部が汚れているのを見つけたら、手が空いている人がその場できれいにする。当たり前のことですが、これも立派なメンテナンスです。サービスを提供する場をきれいに保つのはスタッフ全員の役目である、という基本的な考え方が共有されているからこそ、広い空間を常に清潔かつ美しく保つことができるのです。

　実際に一人ひとりのメンテナンスが功を奏しているかどうかは、ＳＱＩの数値で見て取れます。義務として行うべき確認作業も、スタッフがその成果を目にし、実感していけるようにすることで、モチベーションアップにつなげる。メンテナンスも、こうしたリッツ・カールトンの「マトリックス」に組み込まれているのです。

ホテルは、「憧れの場所」であるべきです。ものが揃っているだけではなく、髪の毛一本落ちていない床、埃ひとつない棚、しわひと筋もないベッドのシーツ、水一滴もないバスルーム——当たり前のようなことでも、少しでも手を抜けばあっという間に崩れる空間が完璧に維持されている。それこそ、自宅とホテルや旅館の決定的な違いでしょう。

いまのお客さまはデリケートで、かつセンスも良いので、少しだけ手を抜いた隙や、ひとつの調度品の安っぽさなどにも敏感です。旅館に行った際にふと見れば、水を打った後、お客さまの目につく庭の片隅にホースが放置してある。廊下にビールの空き瓶が積み上げられている。こうしたことは、コスト云々ですらなく、少し場所を工夫して、お客さまから見えないところに置けばいいだけの話です。来てくださった方がみじめな思いをするような状態のまま、お客さまを受け入れるのは論外です。「憧れの我が家」を提供するプロならば、見た目のあり様にもっともっとデリケートにならなければいけません。

細部にまで気を配り、相手を思い、心をこめて手をかけることが、おもてなしの原点です。その人の心が、〝客室にあるさまざまなもの〟を、お客さまへの「おもてなしの心」を表すものに変えるのです。

リッツ・カールトン流〝コスト圧縮法〟

「人」の思いに焦点を当てた取捨選択——手を抜くところは大胆に

「マトリックス」で活きる〝仕組み〟

サービス業を営む企業の永遠の課題と言えるものに、ＣＳ・ＥＳと、収益・利益の両立があります。リッツ・カールトンは、自らが大切にするコンセプトやＣＳやＥＳを犠牲にすることなく利益を確保しているため、多くの経営者の目には、その経営・運営方法は大変魅力的に映るでしょう。

そのなかで、まず着目されるのが、これまで述べてきたような〝仕組み〟の数々です。リッツ・カールトンという美しい織物は、糸にたとえられるようなさまざまな仕組みによってできています。このことは、すでに世間でも知られており、これらの仕組みを一つひとつ知ることが、「ミスティーク」の秘密に近づくカギとされています。私も、講演などに呼んでいただいて話をする際、「ファーストクラス・カード」等、比較的すぐに実践できるものを紹介したりします。また、リッツ・カールトンの仕組みを説明している本や雑誌もありますし、これらを実践してみるのも良いことでしょう。

しかし、実際に成果を出すことは簡単ではありません。仕組みが定着・浸透するには、労力も時間も必要です。やってみたものの、効果を感じられないままいつの間にか忘れられていくケースも少なくないのではないでしょうか。

「なぜ、自分たちはその取り組みを行うのか」という明確な理由がないままに仕組みを導入しようとすれば、やりやすそうなものばかりを「とりあえず」取り入れてしまいがちです。仕組みなくしてリッツ・カールトンというホテルを語れないことは確かですが、リッツ・カールトンの真の素晴らしさは、一つひとつの仕組みの精度はもとより、それらの仕組みがすべて、「ゴールド・スタンダード」の実現という最大の目的を果たすために、縦糸、横糸となって絡み合い、ひとつの「マトリックス」を形成している点だと私は考えています。編みこまれているからこそしっかりと定着し、効果を発揮しているのですから、ひとつの仕組みだけを場当たり的に導入しても、効果が半減するのは当たり前と言えるでしょう。

仕組みの軸は「人」

ザ・リッツ・カールトン大阪を立ち上げる過程で、「こういうところでお金をセーブしているから、おもてなしにあれだけの投資ができるんだなぁ」と思うことがよくありました。

経費の配分は、企業や組織が何を最も大切にしているのかを、如実に語っています。それを考えたうえで行わなければならないものだからです。

リッツ・カールトンがお金を費やす要素、抑える要素を考える際、基準となるのは、「お客さまの喜び」に加えて、常に「現場で働く人々の喜び」が実現できるかどうかにあります。CSを維持しつつ、コストを抑え、利益を増やさなければならないという時、多くのホテルがスタッフに我慢や無理をしてもらう方向に走りがちです。そうしたなかで、「スタッフの喜び」にスポットを当てたリッツ・カールトンの方針は、本当に画期的なものでした。

繰り返しになりますが、サービス業においては、働いている人たちが前向きに楽しめることが、お客さまの感動を生み出す大前提となっています。その環境をつくれるかどうかが上に立つ人間にいちばん問われていることであり、それができれば、結果も必ずついてくるのです。

「ゴールド・スタンダード」にしても、「ファイブスター」や「ファーストクラス・カード」にしても、リッツ・カールトンの仕組みはすべて、人の本質、人を動かすものは何なのか、ということを精査した結果生まれたものです。それぞれの仕組みは、関係ないように見えても、すべて「やりがいがある」「楽しめる」「誇りを持てる」といったキーワードで紡いでいくことができます。私はリッツ・カールトンに出会って、若いホテルマンたちのために、こういう仕組みを持つホテルをつくりたい、と考えるようになりました。それがない現場で育ったホテルマンにとって、リッツ・カールトンのような職場で働けることは、とても羨ましいことです。向上心のある人が面白いと思える職場がもっともっと増えれば、「仕事」に対する人々の意識も変わっていくはずです。

「スタッフに誇りを」というのは、商売をするために人を動かす、という目先の話ではありません。お客さまの心が分からなければ、いいサービスができない。スタッフの心が分からなければ、いい仕事をしてもらえない。サービス業は結局、「人」との関係、人間関係のなかでのみ成り立つものであり、人の本質、人の心をきちんと察することが、サービス業の基本と言えるのです。

おもてなしが人の手によって生み出される以上、収益を左右するのは「人」以外の何者でもありません。したがって、つくる仕組みの軸も「人」のほかにはないのです。

スタッフの〝誇り〟のツボを押さえよ

ザ・リッツ・カールトン大阪のハードには、オーナー会社が頭を抱えるほどのコストがかけられました。しかし、お客さまに見えない部分は、大変合理的に計画されています。バックスペースにかけるコストはかなり低く、また面積も少ないのです。

例えば、スタッフ用のお手洗いには必要以上にお金をかけていません。各階で働くスタッフのためにワンフロアごとにお手洗いをつくっているホテルもありますが、ザ・リッツ・カールトン大阪では、「そんな無駄なことはやめよう」と考え、スタッフ用のお手洗いは2フロアに1箇所しかありません。

これまで説明してきたESの概念と矛盾し、スタッフを満足させられないじゃないか、と思われるかもしれません。しかし、各階にお手洗いがないからといって、ESが大きく低下するものではありません。事実、お手洗いに関するスタッフからの不満の声は、まったくありませんでした。つまり、各階のお手洗いは、スタッフにとって「あるにこしたことはない」という程度のものなのです。それならば、お手洗いは少なくして、そのぶん彼らにとって「なくてはならないもの」に投資することこそ、会社や組織がスタッフを大切に思っているという証になるでしょう。

ハード面に限らず、すべての要素を完璧にクリアしようとすれば、費用がかさみ採算が取れなくなります。それで会社がつぶれたりしたら、不幸になるのはスタッフです。まずは、「ここを押さえておけばスタッフの喜びと誇りは保てる」というツボをしっかりと捉え、力加減を調節することが大切です。

リッツ・カールトンは、働く人間がどうすれば誇りを持つのか、どうすると逆に誇りを失うのか——それを探求し続けています。お手洗いは各階にないかもしれませんが、「紳士淑女をおもてなしする私たちもまた紳士淑女です」「私たちはリッツ・カールトンを代表しています（We are ambassador）」といった言葉や概念を定着させるコストは惜しみません。また、スタッフを表彰するにしても、単に賞状を渡して満足するのではなく、立食パーティやセレモニー等に招待し、そこで表彰するなどして力を入れています。セレモニーでは、料理人が腕によりをかけた料理をいただきながら、エグゼクティブと一般のスタッフが入り交じって会話を楽しみ、記念写真も撮影します。スタッフの中には、ホテルの立食パーティに参加したことがない、という人も少なくなく、一生の思い出となる場合すらあるのです。

このように、ザ・リッツ・カールトン大阪では、ESと照らし合わせながら、手を抜く項目、力を入れる項目に強弱をつけ、「よくそこまでやるなぁ」と言うくらい、的を射た取捨選択を行っています。スタッフの心をお客さまの感動の創造に向けるためにも、〝誇り〟につながる項目に正しく投資することが大切です。

根拠がなければ再検討を――13％のサービス料

リッツ・カールトンで行われている取り組みの一つひとつには、そのどれにもきちんとした背景があります。また、習慣としてずっと行われているようなことでも、根拠がはっきりしないことに対しては、「なぜそれを行うんだ？」と問い直すのが常です。

例えば、私がザ・リッツ・カールトン大阪の副総支配人だった時、アメリカから来た総支配人と、なぜ日本のホテルにはチップがないのか、という話になったことがあります。私が、「チップの代わりに10％のサービスチャージがあるからですよ」と言うと、彼は、「何を根拠に10％なんだ？」と訊く。根拠と言われても、それを当たり前のこととしてきた私としては、「慣習としてどのホテルでも、10％いただくことになっているんです」としか言いようがない。すると総支配人は、「他のホテルが10％でリッツ・カールトンが同じ10％であるはずがない。ザ・リッツ・カールトン大阪のサービスの質を考え、13％でやってみよう」と言うわけです。東京のホテルならまだしも、いくらリッツ・カールトンといえども、地方都市のホテルのサービスチャージが13％となると反発があるのではないかと、私は危惧しました。同業者からも、「よく踏み切ったね」と言われたものです。しかし実際にやってみると、苦情どころか、サービスチャージに対するお客さまからの意見はほとんどありませんでした。ザ・リッツ・カールトン大阪は、当時すでにバブル崩壊後だったにもかかわらず、まるまる３％、ＣＳにまったく悪影響を及ぼさずに、利益を増やしたのです。

お客さまが重視する点を考慮しながら、こうした〝改善の余地〟をどんどん見つけていくのがリッツ・カールトンです。もちろん、ザ・リッツ・カールトン大阪にとっては余地があることでも、それがすべてのホテルに当てはまるとは限りません。事実、いまだに日本のホテルにおけるサービスチャージの基本は10％で、ザ・リッツ・カールトン東京も例外ではありません。踏み切ったとしても、それ相応のおもてなしができなければ、利益になるどころか、お客さまの不満のもととなってしまうからです。

常に、「なぜ、それを行うのか」「どうしてその方法なのか」ということを明確にし、来ていただきたいお客さまの満足・不満足のポイントを把握することで、長年にわたる慣習や常識すら覆すことができる。そして、そこから得た利益は、お客さまの感動を生み出す取り組みへと還元されているのです。

哲学やコンセプトの実現そのものが〝ムダ〟を省く

〝巨大なロビー〟は「我が家」に不要

高級ホテルと言えば、中に入った時に天井が高く広いロビーが目に入ってくる、というようなイメージを持つかもしれませんが、ザ・リッツ・カールトン大阪のロビーは、決して広くはありません。コンセプトによっては、広くて重々しいロビーが必要なホテルもあるでしょう。しかしザ・リッツ・カールトン大阪の場合、「18世紀英国風の憧れの我が家」というコンセプトのもとで、我が家に帰ったような気持ちになる建築が求められます。コンセプトに基づいて「我が家」の落ち着きを求めた時、大きなロビーは不要です。むしろ、お客さまに満足していただける範囲で狭いほうが適しています。ザ・リッツ・カールトン大阪のロビーでは、お客さまが会話される声が、ロビーにいるベルパーソンたちにも聞こえてきますし、一人ひとりのお客さまにも目が行き届きます。小さなスペースが、ゲストとおもてなしする者とのコミュニケーションの機会を生んでいるのです。

こうして「我が家」のあるべき姿を追求することは、コストを抑えることにもつながっています。簡単に言えば、使用する敷地内で、売上げを直接的に生むスペースが多ければ多いほど、売上高は高くなります。同じ５００㎡を倉庫に使うか、レストランに使うかによって、収入も大きく変わってきます。

そもそも外資系のホテルはこうした点できわめて合理的ですが、なかでも、ザ・リッツ・カールトン大阪はスペースの使い方に長けていると言えます。計画段階において、私が、「日本のホテルはこういうものだから……」と言っても、理由がそれだけであれば、「そんなもったいないこと、なぜ君たちはやるんだ?」と言って、どんどん延べ床を有効に使う工夫をしていきました。その結果、「これでもうひとつ、宴会場ができるじゃない」という結論に至ることもありました。

例えば、ザ・リッツ・カールトン大阪の建設図面を見ながら、私が、「日本ではホテルのケーキなどをテイクアウト用に販売するショップの売上げもある程度は期待できる」と言ったのを聞いて、リッツ・カールトンの担当者は、その図面で広い廊下だったところに線を引き、「ではここをショップにしよう」と即決したのです。1階にある「ザ・リッツ・カールトン・グルメショップ」はそうして生まれました。通り道だった場所が、ホテルのケーキやクッキー等の販売によってオリジナリティを高めるだけではなく、利益を生み出す場所に早変わりしたのです。

計画の時点で、利益が出るスペースがしっかりと確保されていることは、オペレーター側にとっても、オーナー側にとっても嬉しいことです。コンセプトの魅力を高めることが、「儲かる仕組み」につながる。リッツ・カールトンの「憧れの我が家」というコンセプトは、CSと利益の双方を同時に追求することが可能なものなのです。

人集めの出費は限りなくゼロ

テレビや雑誌などで「リッツ・カールトン・ミスティーク」という言葉が頻繁に取り上げられると、良い意味でも悪い意味でも注目を集めますが、プラスの側面のひとつとして、そのことが自分たちでパンフレットをつくる以上に、宣伝効果があることがあげられます。また、いまや絶大な影響力を持つインターネット等の口コミにおいても、ザ・リッツ・カールトン大阪は幸い、高く評価されています。つまり、ザ・リッツ・カールトン大阪の場合、コストをかけて宣伝しなくても、お客さまやメディアがその名を広めてくれるのです。

このようにして知名度が高まっていくことの好影響は、求人にも表れています。ホテルでは基本的に求人の必要性が高く、年間で求人広告にかかる費用も侮れません。しかしザ・リッツ・カールトン大阪には、何もしなくても、年中、希望者から履歴書が届きます。さまざまなツールによってESの高さが語られ、キャリアアップの武器になるブランド力を持っていたりするホテルであれば、たとえ求人がなくても、応募したいと思うのは不思議ではありません。もともと、春の新入社員の定期採用は行いません。定期採用に向けて外部で説明会を開催する必要もないので、そのぶんコストを削減できるのです。

こうした理想的なサイクルが成り立っているのは、ザ・リッツ・カールトン大阪が、日常の業務のなかで、自分たちの専門分野——おもてなしに注力し、噂を呼ぶほどのブランドを築き上げているからにほかなりません。人を集めること自体を目的にコストをかけなくても、「ゴールド・スタンダード」に則ってスタッフ一人ひとりが行っている行動そのものが、人を引き寄せる。結果として、他のホテルが使うような広告宣伝費や求人広告費は圧倒的に抑えられます。こうした積み重ねも、優れた収益性に結びついているのです。

究極の人件費圧縮法――人材の動きは成長のチャンス

真のプロたちが集まる場所

リッツ・カールトンは、ホテル業界に限らず、さまざまな業界のプロたちが集まる場所になっています。他業種を専門としてきた人々も、このホテルでチャンスがあれば働いてみるし、入社後のモチベーションも高い。それは、リッツ・カールトンで働くということが、アメリカではすでに高いステータスだからです。

私がかかわり始めてからでも、リッツ・カールトンでは、エグゼクティブメンバーの入れ替わりが何度かありました。入社してくる人々はみんな、素直に「この人に教えてもらいたい」と思えるような知識と実績、人間性を持った素晴らしい人ばかりです。そのため、人が代わったぶんだけ、リッツ・カールトンは、新たな人材により新たな財産がもたらされる機会を得ていると言えるでしょう。

新しく来た人々がホテル業界未経験者であることも少なくありませんでした。リッツ・カールトンが他業界から来る人材を歓迎しているのは、「The Best（＝「最高」）」に強くこだわっているからです。ホスピタリティ産業が発達し、提供されるサービスの内容がどのホテルにおいても充実してきている現在、たとえ他のホテルと同じことをするにしても、質に関しては絶対にナンバー・ワンを確保する、という意識があるわけです。したがって、「プロか、プロじゃないか」という見極めは厳しく行われています。少し勉強してプロになった気でいても、絶対に本当のプロには適わないのです。

ホテルのゼネラリストとして育ってきた私にしても、ホテルのすべてを知っているようでいて、ホテルの商品物販についてはあまりよく知らなかったりします。それは根っからのホテルマン、〝ホテルのプロ〟であるシュルツィ氏らも同じでした。できないことはその分野のプロに任せ、彼らに力を発揮してもらうことで最高を目指す。リッツ・カールトンには、プロを本気にさせる組織風土があるため、彼らが実力を発揮することで、組織における各分野の専門性と、その能力が上がっていきます。

例えば、アメリカの大手百貨店に勤めていた物流のプロが来て、リッツ・カールトンのプライベート・ブランドの商品開発を行ったため、ロゴ入りのオリジナル商品が充実しました。また、ヨーロッパのユーロ・ディズニー・リゾート（現・ディズニーランド・リゾート・パリ）のヒューマン・リソースを担っていた方が人事担当に就任した時は、人事のさまざまなプログラムが従来にも増して精査されるとともに、人事の質の向上のために彼自身が各ホテルを回ったことにより、きめ細かにチェックが行われました。

リッツ・カールトンで実績を上げたプロたちは、他企業からさらに大きなチャンスを与えられることも多く、例えば、前述の人事担当者はブルガリのホテルチェーンの社長に就任しましたし、彼の前の人事担当者も、アメリカの大手高級百貨店の副社長になっています。リッツ・カールトンが人々にとって最高のキャリアステップの場となっているからこそ、プロがどんどん集まり、好循環を生み出していると言えるでしょう。

スタッフの〝巣立ち〟が人件費削減に

リッツ・カールトンで働いていることで他企業でもチャンスを得られるというのは、エグゼクティブではないスタッフでも同じです。また、前述したように、世界中のリッツ・カールトンホテルにおいて空席のポジションを公開する「オープン・ポジション」を利用して、外国のリッツ・カールトンでの仕事に挑戦するスタッフも多くいます。この制度を利用して他のホテルに転籍すると、勤続年数等はすべて白紙に戻るわけです。こうした理由から、リッツ・カールトンにおけるスタッフの平均勤続年数は決して長くありません。

一般に、定着率の低さは企業にとってマイナスとされていますし、リッツ・カールトンでも、危険信号となる最低値を分析して明らかにしています。しかし一方で、その数値以下にならない限り、必ずしもスタッフに長くいてもらいたいと考えているわけではありません。なぜならば、経営的な視点から見た言い方をすると、長期間勤務してくれれば、そのぶん、人件費や退職金コストもかさむことになるからです。

定着率の低さが問題視される理由のひとつに、教育したスタッフが羽ばたいていってしまった後、新たな人材の育成をふりだしから始めなければならなくなる、ということがあります。しかし、リッツ・カールトンはスタッフの教育方法を確立しているだけではなく、〝リッツマン〟としての資質がある人材だけを集めるツールを持っています。個人の哲学や理念、仕事に対する考え方は変えないまま、知識や技術だけを積んでいけばいいため、短い期間で引き継ぎができるのです。さらに、転職先で元スタッフが活躍してくれれば、リッツ・カールトンの評価もより高まることとなります。

日々のおもてなしの結果としてリッツ・カールトンが世界で高いステータスを築いていることや、きめ細かな「マトリックス」を通じてスタッフの育成がなされていることなどは、最終的には人件費圧縮の役割を果たしているわけです。

「心のプロ」を求めるからこそ

素質があって入社した新人でも知識や技術を習得してもらう必要はありますが、ザ・リッツ・カールトン大阪のお客さまが求めているのは、「ホテルマンが何を知っていて、何ができるか」ということだけではありません。

例えば、レストランで「このソースは何でできているの？」とお客さまから訊かれた時、「これは○○の××と言いまして…」と細かく答えられる知識は確かにあったほうがいいでしょう。しかし、たとえその場ですぐ満足な答えができなかったとしても、「それではすぐに聞いてまいりましょう」と即応することでカバーすることは可能です。なまじっかよく知っているがために、とうとうとしゃべり続けられても、お客さまにとって、むしろ迷惑となる場合もあります。

また、ワインでも食材でも、最近はお客さまに〝玄人はだし〟の方も多くなってきています。中途半端なことを言っても、「私のほうが知っているんだから黙ってなさい」と思われかねません。

もちろん、ザ・リッツ・カールトン大阪では、それぞれの部門におけるキーマンとして〝プロ中のプロ〟を配し、知識・技術を求めるお客さまの要望に対しても、十分に応えることができる態勢はとっています。しかし、基本的には、心からお客さまのことを考えておもてなしする一所懸命さなど、知識や技術以外の面で人を喜ばせることができる切り口をリッツ・カールトンは重要視しています。また、そうした姿勢を評価してくださるお客さまを大切にしているのです。したがって、リッツ・カールトンでは、「勤続年数が長い＝プロ」ということにはなりません。その意味では、新人も即戦力と言えます。

知識や技術のプロに活躍してもらう一方で、全スタッフが「心のプロ」として、自分の生き方を表現しながら、精一杯おもてなしする。それが、心を持ったお客さまを引き寄せる。そのお客さまの喜びこそが、スタッフの仕事のやりがいにつながります。心でつながれたお客さまとスタッフの関係が、スタッフの成長にとって最高の栄養剤なのです。

第5章

受け継がれるホスピタリティ・マネジメント

トップが守るべき「ホスピタリティ」の鉄則

リッツ・カールトン創業者たちの「理念・哲学」に学ぶ

私がリッツ・カールトンと仕事で最初のコンタクトを取ったのは、リッツ・カールトンがアトランタで開業した1983年から7年後に当たる、1990年のことです。当時はまだ、社長であったホルスト・シュルツィ氏を含む立ち上げメンバーが8割くらい残っていました。

ホテルマンとしてのシュルツィ氏の考え方は、私にとって、まさしく〝目からウロコ〟のことばかりでした。その哲学や仕組みを理解していくなかで、同じホテルであるにもかかわらず、「違う商売ではないか」と思うほど、すべてが画期的で参考になり、真似したい・教わりたいと思うことの連続だったのです。

リッツ・カールトンをつくったのは、若くしてホテルマン人生を歩みはじめたシュルツィ氏をはじめ、自分たちが理想とするホテルをつくろうという情熱を持った叩き上げのホテルマンばかりでした。「本当にお客さまのためを思い、お客さまに喜んでいただけるホテルを創り上げる」という志を共有する創業の同志たちが集まり、お客さまの喜びとスタッフの幸せを軸としたホテルづくりが目指されたのです。

リッツ・カールトンは、「そこまで『お客さまのため』を実践して、本当に採算がとれるのだろうか?」と心配になってしまうほど、場面場面における損得勘定を徹底的に排除し、お客さまに喜んでいただける環境づくりに、惜しまぬ投資をしています。足元の利益確保を横にらみしながら、中途半端に「お客さまのため」を講じるのと、まず「お客さまのため」を最大の価値と明確に位置づけ、どのようにすれば満足していただけるのかを徹底して追求する。そして、その結果として適正な利益を得る、というのとでは、同じ「お客さまのため」でも、その内容に雲泥の差があることは明らかでしょう。

この徹底した方針は、利益を無視した「潔さ」ともとれるかもしれませんが、私は「覚悟」がふさわしい言葉だと思います。個々を見れば損得勘定なしのように思えることも、企業のイメージづくり、顧客の獲得がそれによってなされていることを考えれば、大きな「得」をとっていることになる。創業者たちは、最高のお客さまの喜び・満足を達成できてこそ、ビジネスとしての採算がとれるのだという、これまでの発想では考えられなかったことを、事業を成功させることで証明してみせました。そして、それを実証してみせるという「覚悟」、さらには愚直なまでの精査の繰り返しが、この企業の恐ろしくきめ細かな仕組みを創り上げてきたのです。

スタッフの幸せの追求や、人材育成、建築への出費を惜しまないこだわり、またコスト圧縮のためのさまざまな取り組みも、すべてお客さまに喜んでいただける現場づくりへの強い「覚悟」の表れなのです。まずはトップが「覚悟」を持つこと——それが、リッツ・カールトンのホスピタリティ産業における〝革命〟の第一歩でした。

庭先まで浸透する哲学

西梅田再開発プロジェクトにおいてリッツ・カールトンと定期的な相互訪問が始まって間もなく、リッツ・カールトン本社のエグゼクティブとの会議に参加していた私たち日本人は、会社についてさまざまな説明を受けました。リッツ・カールトンの考え方があまりにも素晴らしかったので、きれいごとのように感じたこともありました。トップが言っていることと、現場で行われていることとが同じであれば、本当に素晴らしいという確信が持てる。会議でアメリカに行くたびに各地にあるさまざまなリッツ・カールトンホテルを訪れることで、その実態を知り、理解しようと努めました。そのなかでいまでも印象に残っているのが、ロサンゼルスの南、ダナ・ポイントという場所にあるリッツ・カールトンが2番目につくったホテル、ラグナ・ニゲルでの経験です。

太平洋に面した崖の上、何もないところに建っているこのホテルに泊まった翌日、私が朝早い時間にホテル付近を散策していると、つなぎを着た黒人のおじさんが、しゃがみこんでロビーの壁のメンテナンスをしていました。「面白そうだなぁ」と思って話しかけてみると、うるさがるどころか、丁寧にいろいろと説明してくれる。「やってみたいなぁ」と思っていると、「やってみる?」「他に見たいところはないかい?」などと訊いてくる。「言葉にしない願望」を先読みする――それを、壁のメンテナンスをしている方がやってみせてくれたのです。彼との会話は、最高に楽しかった。話しているうちに、その方がホテルのエンジニアだと分かったのですが、普通のホテルのフロントマンよりも、はるかにお客さまに対するスタンスに心がこもっていて、対応にも慣れていました。日本ではこうした仕事を通常は業務委託の方にお願いしていますし、メンテナンスの方と話すことすらほとんどありません。このような対応をまったく期待していなかっただけに、私はとても感動しました。会議室でエグゼクティブたちが言っていたことを、実際に、メンテナンスしているスタッフも実践している。トップの哲学が、ホテルの隅々まで浸透しているのを感じました。このホテルは〝本物〟だ――そう思わされた瞬間のひとつです。

アメリカでの視察を重ねるなかで、このように、「すごいなぁ」「これは負けた」と思わされるシーンに何度も出会い、エグゼクティブたちが言っていたことが本当なのだと思える機会がたくさんありました。私のような業界の人間でも驚くようなこと、感動させられるようなことに出会いました。そんなおもてなしが日本で実現されれば、当時の日本で1、2と言われるホテルを確実に超えられる、と感じたのです。

どこにいても〝リッツマン〟

繰り返しになりますが、真のおもてなし、すなわち「ホスピタリティ」とは、人それぞれの「生き方」を表現することに等しいものです。したがって、おもてなしを仕事にしている人が会社で大切にしていることや、部下に口をすっぱくして指導しているようなことは、当然、私生活でも、自分自身が行っていることであるべきです。

リッツ・カールトンは、立ち上げメンバーの生き方が凝縮された会社であり、その生き方には嘘がありません。この生みの親たちが仕事の時間である〝ON〟で主張していることは、もちろん〝OFF〟の時間でも自ら実践しているようなことです。

例えば、私が尊敬する、1990年当時のリッツ・カールトン副社長、創業メンバーのひとりであるエド・スタロス氏は、ある時、毎週日曜日に行く教会でよく見かけていた黒人の方に声をかけたことがあります。教会の前にいる様子を見て、何か事情がありそうな気がしたからです。話を聞くと、仕事がなくて困っていると言う。スタロス氏はその人に何とかして仕事をあげたいと考え、ホテルの庭における仕事をしてみないかと誘いました。その方は大喜びで誘いを受け、その後、ホテルを背負う庭師になりました。アメリカのホテルは慈善活動等もよく行いますが、スタロス氏は個人的にも教会での炊き出しや、貧しい人々の家のペンキ塗りなどにも参加するような方です。

相手の国籍も、人種も、年齢も、性別も、一切関係ない。人に喜んでもらいたい、人の役に立ちたいという哲学を、トップがまず私生活でも実践しています。「ワオ・ストーリー」でも、「プライベートでの海外旅行中に、外国人からリッツ・カールトンまでの道を尋ねられたスタッフが、自らホテルまで案内した」といったような、ホテル外におけるスタッフの行動が讃えられていることがあります。プライベートでの旅行中でも、自分がリッツ・カールトンの社員だと知る人がいなくても、やはり〝リッツマン〟は〝リッツマン〟です。その人にとっての生き方は、場所や立場で変わるようなものではありません。いい仲間の間でそれぞれが自分の生き方を実践し、刺激を受け合っています。こうした本心からのおもてなしが、人知れずお客さまに心地よいものとして伝わっているのだと思います。

人材輩出学校として——サービス産業でナンバー・ワン

リッツ・カールトンには、人材を育てて羽ばたかせる、ある種、学校のような機能があります。かつてはヒルトンがホテル業界の「University」と呼ばれ、私が知っている素晴らしい先輩方の中にも、ここで学んだ方がたくさんいらっしゃいます。いま、そのポストにあるのが、リッツ・カールトンと言えるのかもしれません。リッツ・カールトンの場合、〝卒業生〟がホテルだけではなく、異業種でも頑張っている点が大きな特徴です。

そもそもリッツ・カールトンのビジョンは、「サービス産業で世界一」になることです。「ホテル産業」ではありません。リッツ・カールトンの「部屋ではなく、サービスを売っている」という基本的な考え方からして、ホテル業の枠はすでに超えています。リッツ・カールトンから転職し、異業種で活躍している仲間がいるということは、その目標が達成されつつあるということです。

リッツ・カールトンには、このホテルの出身であるというだけで、サービス産業全体に通用する人材として高く評価されるほどのブランド価値があります。このことはつまり、サービス産業に携わる人材に最も重要な要素は、知識・技術だけではなく「心」であるという哲学が、世の中で認められてきていることを意味します。

また、ザ・リッツ・カールトン大阪でベルパーソンだったスタッフが大手銀行の「お客さま係」の責任者に引き抜かれ、当時の新聞に載ったこともありました。銀行も、お金の貸し借りだけではなく、「サービス」という視点を取り入れ、「心のプロ」を必要とする時代になっているのです。

シュルツィ氏らによって発信されたおもてなしの哲学は、サービス産業のみならず、人とかかわる仕事に携わる人々に、「ホスピタリティ」について改めて考える機会を与えたと言えます。そしてリッツ・カールトンは、こうして評価されている現在も、留まることなく常に自らの〝あるべき姿〟を模索し続け、ホスピタリティ溢れる社会を牽引していくでしょう。

米本部での「総支配人トレーニング」とは

現場重視の総支配人トレーニング

ザ・リッツ・カールトン大阪開業の約1年前、私はリッツ・カールトン本社から、リッツ・カールトンに移籍してこないか、というお話をいただきました。私はそれまで、オーナー会社である阪神電鉄の人間としてザ・リッツ・カールトン大阪の立ち上げ事業に携わっていましたが、開業後、ホテルの現場から離れてオーナー会社の管理部門に行くよりも、まだ現場にいたいという気持ちが強くありました。何よりも、リッツ・カールトンの採用や教育のノウハウを現場でもっと学びたかった。そこで、ホテルからの誘いを受け、開業前にザ・リッツ・カールトン大阪の副総支配人として、ザ・リッツ・カールトン ホテルカンパニーに転籍しました。そして1996年3月、総支配人トレーニングを受けるために、ザ・リッツ・カールトン サンフランシスコに赴いたのです。

私への総支配人トレーニングは、当時のザ・リッツ・カールトン サンフランシスコの実質上の総支配人であったホテル・マネージャー、マーク・J・デコチーニ氏が、ヒューマン・リソース担当者と相談しながら行ってくれました。内容は、大変シンプルです。とにかく一日中、朝から夜までずっと、総支配人と行動を共にすること。そのなかで、学べ——というものでした。

私は、大阪全日空ホテルシェラトンに勤めていた時、約1年間かけて米国各地のシェラトンにおける実地研修を経験しましたが、どのホテルでも、滅多に総支配人を見かけることはありませんでした。その一方で、「なぜこんなところにいるの？」という場所で総支配人を目にすることもある。仲間に教えてもらって初めて、「ああ、総支配人って、そんなこともするんだ」ということも多かったものです。総支配人はそれだけ多岐にわたる課題をこなしています。館内の最前線でお客さまやスタッフの様子を見て回るだけではなく、ゴミ置き場からビルを管理する部屋、館内の配管などまでチェックしたりする。時々同行したり、講義を受けたりしただけでは、その仕事の全貌は決して分からないのです。

リッツ・カールトンの総支配人トレーニングでは、デコチーニ氏が会議に出席する際は必ず私も同席し、彼が館内を見て回るルーティンワークに行けば私も同行する。とにかく常に総支配人について歩くなかで、まずは、「こういうサイクルでこういうことをするのだ」「これは絶対にやらなくちゃいけないな」といった実務を把握していきました。

哲学は行動で示せ

総支配人トレーニングを受けた頃には、それまで約6年間、業務提携のパートナーとしてリッツ・カールトンを理解するために積み重ねていた知識がありましたし、哲学云々は、毎日一緒に出席していた会議でも学ぶ機会がたくさんありました。それを分かっていたのか、デコチーニ氏は、私に再度哲学を語るようなことは滅多にしない。それよりも、「その哲学を、どのように日常の仕事に反映させているのか」ということを、行動をとおして見せてくれました。

デコチーニ氏の教育方針は、「分からないことがあれば自分で訊きに行き、自分で明らかにしてきなさい」というものでした。そのため、総支配人に直接質問するのは、自分でいろいろな人のもとへ行き、それぞれの見解を訊いて、それでも分からない時だけでした。

例えば、会議で彼の部下への対応を見ていて、「私なら違う対応をしているなぁ」と思った時は、メモをとっておき、後から同席していたマネージャーたちに、「なぜGMはあのような指示をしたのだろう」と訊きます。リッツ・カールトンの人々はこういう時、裏話なども含めて詳しく説明してくれる。自分が分からなくても、分かる人のところに連れて行ってくれます。毎日行動を共にしている総支配人の考え方を、その部下がどのように捉えているのか、ということをとおして把握していくなかで、背景等も含めて、哲学と総支配人の行動がどのように結びついているのかをひもといていきました。

課題を見つけるのは自分自身であり、疑問をひとつずつ塗りつぶすために働きかけるのも自分自身です。金魚の糞のようにして総支配人についていくなかで、会議などにおける部下の発言に対する切り返し方から、すれ違った清掃スタッフに対する声のかけ方まで、課題を探しながら、リッツ・カールトンの総支配人という「人物のあり方」に着目する日々でした。そうした環境を与えられたことで、リッツ・カールトン風のホテルの運営方法、それに伴う道具、そして何より、総支配人の、人としてのあり方をより深く学ぶことができました。

表現のお手本＝総支配人

私がこのトレーニングで得たいちばん大きな財産は、総支配人と呼ばれている人が、全社的に浸透している哲学をどのように表現し、伝えているのかを学べたことです。現在はエリア・マネージャーへと昇格し活躍しているデコチーニ氏のコミュニケーション能力——人の心をつかむ能力は、感心するほど高いものでした。

例えば、新入社員を迎える時、「来てくれて嬉しい」「みんなが大切な仲間だ」ということを伝えるために、どのような表現を使ったらいいか。

私がいまも思い出すのは、デコチーニ氏が新入社員を迎える席で、突然、同席していた副社長のアムラー氏に対して、「あなたは私にとってとても大切な人です」と言った時のことです。そしてその後、新入社員に向き直り、一人ひとりに「あなたもまた、私にとってとても大切な人です」と続ける。こうして副社長も新入社員も等しく大切なのだということを示すことは、つまり、個々のスタッフをどれだけ大切に思っているかを伝える、彼なりの方法だったのです。その思いを受け止めたスタッフの中には、デコチーニ氏に握手を求めに立った人たちもいたほどでした。

どのホテルでも、どの組織でも、人間性善説に基づいて考えれば、部下を大切に思わない上司などいません。そのことをいかにインパクトあるかたちで伝え、いかにスタッフに誇りを持ってもらうかが肝心なのです。伝えなければいけないことがある時、〝ただ単に言葉を発する〟のではなく、相手に正確に自分の気持ちを分かってもらえるように、心に響く伝え方を選ぶなどして、表現を工夫する努力がとても大切です。回りくどいと思う人もいるかもしれませんが、相手の心に近づき、理解を求めようとしているそのトップの姿が、スタッフの心を動かします。そういう姿勢を大切にするような人しか、リッツ・カールトンには来ないからです。

トップに立つ人物たるもの、自分自身が哲学を理解しているだけではなく、それを部下に伝える、部下の心に〝訴える〟ための表現力を持たなければならない。総支配人トレーニングでは、その力の重要性と、そこからもたらされる好循環を目の当たりにしました。

リッツ・カールトンの総支配人という存在

見つかった「理想像」

リッツ・カールトンの総支配人は、基本的に大変フレンドリーです。「おう、みんな元気かい」と、肩を叩きながら歩きます。私たちはデコチーニ氏のことを「ミスター・D」と呼んでいましたが、彼は嫌な顔ひとつせず、親しみとして受け取ってくれていました。

ひと口に総支配人と言っても、そのイメージもあり方も、ホテルや個人によってさまざまです。アメリカのいくつかのシェラトンでは、滅多に声をかけも、かけられもしない、怖いくらい雲の上のような存在だった総支配人を数多く見ていた私にとって、リッツ・カールトンの総支配人像はとても新鮮なものでした。いろいろなタイプのトップたちと接していくなかで、自分にとって理想のトップ像が具体的になっていきます。その過程でリッツ・カールトンの人々に出会えたことは、私にとって喜ばしいことでした。

自分はシェラトンのような総支配人にはなれないかもしれない。でも、リッツ・カールトンのように、スタッフと近い場所で、ともに喜びを分かち合えるような総支配人ならやってみたい――そう思わされたのです。

常に「現場」（＝「原点」）を把握せよ

リッツ・カールトンでは、総支配人と現場で働く人々が接し、トップができるだけ、現場からの声を聞き取れるような機会が豊富に設けられています。総支配人は、スタッフの表彰には必ず参加する。新入社員に対しても一人ひとりに挨拶する。エグゼクティブクラスのミーティングに一般のスタッフを招くこともあれば、すでに述べたように、立場を問わない食事会などもある。表彰パーティなどでは、総支配人を含むエグゼクティブが衣装を着て出し物をしたり、飲み物をサーブしたりして、スタッフをおもてなしすることもあります。日々館内を回っている際も、総支配人は社員だけではなく、アルバイトやパート、業務委託の方々など、いわばいちばん遠い位置にいる方々とも率先してコミュニケーションをとります。

こうしたことはすべて、ESにもかかわってきます。私はザ・リッツ・カールトン大阪で5年間副総支配人を務めた後、2002年に、名古屋マリオットアソシアホテルの総支配人となりました。その際、入社する中途採用のスタッフ一人ひとりに挨拶することを習慣としました。すると、トレーニング部のマネージャーから、「みんな、『あんなふうに迎えてもらったことは一度もなかった。トップの方々が自分たちのほうから挨拶してくれたために、〝来てくれて嬉しい〟という気持ちが伝わってきた』と言っていました」と言われたのです。また、私が業務委託の方々にも自分から声をかけていると、自然にやっていただけだったにもかかわらず、みなさんが喜んでくださり、距離が縮まっていくものでした。町で会っても声をかけてくれる。さらには、友人の結婚式会場にホテルをお薦めしてくれたり、家族のお祝いの日にレストランを使ってくれたりして、ホテルのファンになってくれる。私もそれを嬉しく思うから、もっと相手のことを思いやるようになる。そういう好循環が、確かにありました。

サービス業のトップに立つ者は、現場を原点とすべきである、と私は思っています。私自身もアルバイトで働いたことや、配膳会からの派遣として仕事をしたことがある。常務になった、専務になったとはいっても、この業界で、そこから出発したということは、ずっと変わらない事実です。自分が上司にされて嬉しかったこと、嫌だったことを忘れてはならない。そういう意味でも、社員か否かを問わず、すべてのスタッフが楽しく仕事できる現場をつくることが、上に立つ私たち自身の居心地のよさの原点でもあるのです。

リッツ・カールトンの総支配人にしても、現場で働く人たちとコミュニケーションをとることが楽しいと思うような人たちばかりです。現場が好きな人々によって、現場を大切にする人が育てられるような風土がある。その姿勢が受け継がれていることで、上も下もない、みんなが、誇りを持って働くことができる環境が築かれているのです。

〝切り口〟の自由

ホテルに限らず、どんな組織でも、現場のトップが替わった際に、考え方も含めて方針がガラリと変わってしまうことがあります。

しかし、「クレド」をはじめとする「ゴールド・スタンダード」がしっかりと根を張っているリッツ・カールトンでは、「スタッフを大切にする」といった哲学や基本的な考え方自体が、総支配人の交代によって変わることは決してありません。伝えるべき項目とその内容が明確に示され、誰が総支配人になろうと、同じ信念・哲学のもとにホテルが運営されます。

一方で会社は、その哲学を部下に伝える方法にまでは立ち入りません。総支配人となる人の個人的な表現の工夫によって、同じ哲学でも、「デコチーニ流」「ノッカート流」というように、隠し味が変わることもあります。

また、スタッフに対するスタンスと同じように、総支配人が行う具体的な運営に関しても、事細かなマニュアルはありません。例えば、重要な会議に参加してもらうメンバーなども、総支配人が決めていい。料理のメニューに関して、いままで「NO」だったのが「YES」になることもある。セールスのスタッフに、「来客をおもてなしする際は、エグゼクティブラウンジを遠慮なく利用してくださいね」と言う総支配人もいました。

いつも同じ哲学のもとでマネジメントがなされるのであれば、それを実践する「切り口」は、総支配人によって異なっていてもいい。現場を〝哲学の実現の場〟へと導くための表現・実践方法の幅広さが、業績の向上に結びつくケースも少なくありません。

未来を担うトップを育成するために

知識・技術は現場で確認

リッツ・カールトンでは、現場のマネージャークラスを対象とした、教育・コーチングや経営に関する基本的なことを勉強する管理職研修プログラムが用意されています。現場の責任者が昇格すると、エグゼクティブ、部長クラスになるわけです。次期エグゼクティブとなる中核スタッフを育てることも、企業にとって重要な課題のひとつでしょう。

外資系のホテルにはこういったプログラムの種類が多く、例えば全世界に3000近くのホテルを有するマリオットグループには、役職や専門分野ごとに、それぞれの段階に合ったサービス・教育プログラムが何十も存在しています。こういったホテルと比べると、リッツ・カールトンの研修プログラムは、そこまで多くはありません。

それは、リッツ・カールトン自体が、理屈ではなく現場に重点を置いて成長するホテルだからです。料飲部長、宿泊部長といったエグゼクティブは、やはり、その分野のプロ中のプロです。

例えば、フランスのローザンヌ出身の、ザ・リッツ・カールトン大阪の元・料飲部長であるフランソワ・ノッカート氏は、人間性の素晴らしさはもちろんですが、F&B（Food & Beverage）に関しては、とても高度な知識と技術を持っていました。当時日本ではほとんど催されていなかった、タキシード着用の特別なディナー、「ガラディナー」をザ・リッツ・カールトン大阪で初めて行った際も、本場の知識があるノッカート氏が、飾りつけなども含めてどんどん意見を出してくれました。部下がワインのことを聞けば、適切な指示を出す。指示の内容は濃く、質も高いものです。

「時間が解決してくれる」と何度も述べてきた知識や技術のお手本として上に立つのが、こうしたエグゼクティブメンバーです。スタッフたちは、エグゼクティブが現場にいる時をチャンスと捉え、懸命に話や意見を聞いたり、技術を見て真似たりして成長する。そのなかで、後継者となる中核スタッフが育っていきます。ザ・リッツ・カールトン大阪のエグゼクティブたちは、自分たちのほうから現場の人々に歩み寄る、という姿勢で働いている人たちばかりなので、現場で先輩の技術を学んでいけるような学習環境が与えられているのです。

究極の人心掌握術

私自身の経験を振り返ってみても、表現力は、リーダーにとって欠かせない要素であることを痛感します。部下に分かりやすく、かつ正しく伝えることができる人は、リーダーにふさわしい。これは、お客さまと接する時に必要となるスキルでもあります。

リーダーシップをとるという時、自分の価値観を振りかざして、「みんな、ついて来い！」と上から押し付けていては、押しつぶされた人たちがついて来られなくなってしまう。リーダーには、スタッフの心に訴え、内側からの理解を促すような能力が求められます。中核スタッフの育成においては、上に立つ者としての表現力を鍛えるような教育も必要だと言えるでしょう。

心があってもうまく言葉に表せない人もたくさんいますが、リッツ・カールトンには表現力に長けている人材が集まっています。その理由はやはり、ＱＳＰがあるからです。ものを伝える力、表現する力なども選考基準に入っており、伝えることに時間や労力を惜しまない、実際に表現できる、ユーモアがある——といった特性は、特に高く評価されます。

また、入社後にその表現力を磨くことができる機会もたくさんあります。例えば、オフィシャルなものも含めて、リッツ・カールトンで使われるフレーズは、〝キャッチ・コピー〟のように、とても影響力があるものです。どのように表現すればスタッフの誇りにつながるか、考え抜かれた言葉ばかりなのです。そうした企業哲学を毎日口に出していることで、表現力が自ずと鍛えられるとともに、自分の言葉に還元するための理解も深まります。

さらに、こうした表現のセンスや、言葉に対するきめ細かい注意力などは、さまざまなミーティングの場でも育っていきます。総支配人がエグゼクティブミーティング等で語る、表現力が駆使された言葉は、お手本となるようなものばかりです。その言葉を、エグゼクティブがマネージャーに語り、今度はマネージャーが現場のスタッフに伝える。その際、それぞれが美しいセンスのある言葉を真似するだけではなく、自分なりに分かりやすく伝えようと工夫することで、表現のレパートリーが飛躍的に増えていきます。

加えて、毎日の「ラインナップ」では、「ワオ・ストーリー」などと一緒に「今日の言葉」が紹介されます。ここで扱われる言葉は、「他人の人生に太陽を照らせる人は、自分がその陽だまりの外に出ることはない」「至ってシンプルな話、それは、自分に優しくするか、人々に優しくするか、選ぶ必要などない、ということだ。どちらも同じ一つのことだから」——といったもので、学者や作家、芸術家などによる名言が主です。これらもちろん、表現力を磨く助けとなっていると言えるでしょう。

部下を立てよ！

部長クラスになると、総支配人との関係はよりいっそう近くなります。エグゼクティブミーティングなどのミーティングが毎朝定時にあり、総支配人とエグゼクティブクラスの人々が集まって、情報を交換したり、人事の問題について話し合ったりします。それぞれが総支配人に個々の案件について相談しに行ったり、反対に総支配人から個別に呼ばれたりもする。そのため、エグゼクティブクラスの人々は、1日に1回か2回は、必ず総支配人に会います。会わない日はまずありません。これも、トップが現場を掌握する方法のひとつです。

一方で、現場を掌握するということは、いちいち口を出すこととは異なります。現場のことは、その現場の責任者がいちばんよく知っているからです。自分の若い時の経験などを思い返してみても、良かれと思って上の方が来てくれるのは嬉しいものの、それが過ぎると窮屈になる時があったのも事実です。若い人は若い人なりに気をつかうものです。よほどのことがない限りは、細かいことまでいちいち立ち入るべきではないと私は思います。

たとえ先月うまくいっても、今月はうまくいかない企画もある。また、なかには現場の人だからこそ判断できることもあるのです。トップというものは、普段は任せて精一杯やってもらい、「セールスに同行してほしい」「お客さまのクレームに対応してほしい」などと求められた時に、しっかりと前に出ていけばいい。そうでなければ、本当に必要だと判断して前に出た時ですら、部下にストレスを与えかねません。

「出過ぎず」の鉄則は、スタッフの教育などについても同じです。例えば、自分が総支配人としてホテル内を回っていて、宿泊部門の現場で問題があることに気づいた時、私はすぐその場で、そのスタッフたちに注意することは基本的にしません。部長や、現場の責任者は何のためにいるのか、という話になってしまうからです。この場合、現場のスタッフに直接指導するのではなく、必ず部長に伝えて把握・対処を促します。つまり、組織として問題を解決することが重要なのです。エグゼクティブと総支配人の間に、絶えずコミュニケーションの機会があるのはそのためだと言えます。

お客さまに対しても、スタッフに対しても、トップが出て行ったほうがいい場合と、控えたほうがいい場合とがあります。それを使い分けることで、将来上に立つであろう部下が楽しく成長し、指導する自信と実力をつけていけるような環境を築かなければなりません。トップに能力があって、いつも手を出すことでお客さまの評価を得ていたとしても、部下が育たなければ、組織としてのポテンシャルは低いと言えるのです。

スタッフ—取引業者—顧客の〝喜び〟を

総支配人の役割とは、ザ・リッツ・カールトン大阪の場合を例にあげて簡単に言うと、ホテルのオーナー会社、運営会社、総支配人で立てた年間の売上げ等のさまざまな計画を成し遂げることです。そして、それを成し遂げるために、〝お皿を回す〟こと。お客さま、スタッフ、オーナー会社、運営会社、取引業者——この5つのお皿をどれひとつ落とすことなく、クルクル回し続けるのが総支配人の役目です。これまで見てきたように、ホテルにかかわるすべての人の満足、そして喜びがホテルにとっての成功であり、利益というのはその延長線上にあると言えます。

例えば、ホテルの運営は、食材搬入業者、酒造業者、精肉店、生花店、アパレル業者、美容室など、さまざまなお取引業者のお世話になって初めて成り立ちます。私たちは、彼らを上から目線で見てしまうことも時にはありますが、これらのお取引業者はいろいろなホテルと付き合いがあり、業界のことを私たちよりもずっとよく知っていて、貴重な情報を提供してくれることもあります。また、お客さまを紹介してくれたり、自らもホテルを利用してくれたりします。私たちが困った時は、誰よりも心配し、応援してくれる方々です。リッツ・カールトンにしてみれば、彼らは「業者」ではなく「協力会社」であり、

「お互いに成長していこう」という対等な意識でつながれた「パートナー」なのです。

お客さま、スタッフ、オーナー会社、運営会社、取引業者――一見すると上下関係の構図ができそうなこれらすべての人々を、リッツ・カールトンは〝対等〟であると捉えています。立場の違いは、ビジネスにおいてたまたま、お金や指示を出す側にいるか、受け取る側にいるか――というだけの話なのです。そのような理由で、人間の価値まで決まるわけがありません。対等であるからこそ、Ｗｉｎ－Ｗｉｎの関係が構築されるということを、リッツ・カールトンの成功が証明してくれていると言えます。

利益や効率のみを追求した企業が、面白いくらいに業績を伸ばしていた時代もあったかもしれません。しかし不況が訪れた現在になって、リッツ・カールトンのような哲学を持った企業の価値観が見直され、「ホスピタリティ」という言葉はサービス産業のみならず、さまざまな業界におけるマネジメントのキーワードになっています。

ただし、「ホスピタリティ」は、「生き残りをかけて」というような言葉とともに追求されるものではありません。リッツ・カールトンの根底には、人が人として、「心」を持ってかかわり合う方法を模索する哲学があります。お客さまとスタッフをはじめとするみんなが幸せになってこそ、成功がある。全員の幸せを追求する結果として、利益がついてくる。「ホスピタリティ」は〝生き残る〟ためではなく、すべての人々が〝ともに〟幸せにかかわり合っていくための、生き方を表すものなのです。

新装版刊行にあたって

本書『リッツ・カールトンの究極のホスピタリティ』が多くの皆様のご支持と協力のもと、二〇一〇（平成二十二）年の初版から数えて十年余りの歳月を経て、ふたたび新装版として出版される運びとなりましたこと、たいへん嬉しく思っています。ありがとうございます。

「ホスピタリティ」という言葉は、主にホテルのようなサービス業で「おもてなし」と訳されてきました。例えば、この度のオリンピック・パラリンピック東京大会の誘致に際しても、日本文化の素晴らしさを表すキーワードとして使われました。とりわけホテルビジネスにおいては、米国を代表するホテルであるザ・リッツ・カールトンが「ホスピタリティ」を通じて、「お客様を喜ばせること」と「利益」の両立という理想を実現するための独自の仕組みを作り、ビジネスの成功に結びつけました。

『リッツ・カールトンの究極のホスピタリティ』が発刊されてから、大学等で学生を相手に講義する以外にも、さまざまな方々と接する機会が思いのほか増えました。地方にある小学校の先生が、教え子たちの手づくりによるクラスの「クレドカード」を見てもらいたいと、訪ねて来られたことがありました。可愛らしくて楽しい「クレドカード」を拝見して、とても感心したことを覚えています。また、若い現役のホテルマンが訪ねて来たときには、「ホスピタリティ」をめぐって話に花が咲き、楽しいひと時を過ごすことができました。

「ホスピタリティ」をテーマとした講演を依頼される機会も増えました。最近では、地方の若手経営者に呼ばれ、ビジネス成功のヒントになればと真剣に取り組む姿勢に接するケースも少なくありません。

これから価値観がますます多様化していくなか、「ホスピタリティ」はこれまで以上に大切なキーワードのひとつになるのではないでしょうか。いま、世の中は新型コロナウイルスの感染問題で多くの人々が大変な思いをされています。一人ひとりが自らの生き方を改めて問われる厳しい環境にあるからこそ、「ホスピタリティ」が我々にとって必要不可欠なテーマとなるのではないでしょうか。本書がそのための手がかりの一助になればと願っております。

二〇二一（令和三）年三月

四方　啓暉

【著者紹介】

四方　啓暉（しかた　よしあき）

1946年２月生まれ。
立教大学法学部で学びながら「ホテル観光講座」を受講し、同大学卒業後は、東洋ホテル（現・ラマダホテル大阪）、大阪全日空ホテルシェラトン（現・ＡＮＡクラウンプラザホテル大阪）を経て、1990年、阪神電気鉄道㈱による西梅田再開発プロジェクトのホテル事業（ザ・リッツ・カールトン大阪）担当責任者に就任。以後７年間にわたり、ザ・リッツ・カールトン ホテル カンパニーとの相互の信頼関係構築に向けて異文化の理解・融合に尽力する一方で、契約・事業計画の策定や人事に携わる。1997年にザ・リッツ・カールトン大阪が開業した後は、同ホテル副総支配人として、その哲学の浸透と、運営体制の確立を支えた。
2002年に名古屋マリオットアソシアホテル常務取締役総支配人に就任。2006年に㈱ジェイアール東海ホテルズ専務取締役となり、2008年からはアソシアホテルズ全６ホテルの新規サービス体制の構築を担当した。その後、大手前大学総合文化学部の教授として、また、立教大学の「ホスピタリティ・マネジメント講座」の講師として教壇に立ち、ホスピタリティ産業における活躍を志す学生の教育に尽力している。

＊本書は『リッツ・カールトンの究極のホスピタリティ』（二〇一〇年五月、小社刊）の新装版です。

編集協力――株式会社アピックス

リッツ・カールトンの
究極のホスピタリティ
〈新装版〉

二〇一〇年五月三〇日　初版発行
二〇二一年七月二〇日　新装版初版印刷
二〇二一年七月三〇日　新装版初版発行
著　者――四方啓暉
発行者――小野寺優
発行所――株式会社河出書房新社
〒一五一－〇〇五一
東京都渋谷区千駄ヶ谷二－三二－二
電　話――〇三－三四〇四－一二〇一［営業］
〇三－三四〇四－八六一一［編集］
https://www.kawade.co.jp/
組　版――KAWADE DTP WORKS
印　刷――三松堂株式会社
製　本――三松堂株式会社
落丁本・乱丁本はお取り替えいたします。

ISBN978-4-309-30009-2
Printed in Japan